I0560684

Het Complete
Labrador Retriever
Handboek

Joanna de Klerk

www.lpmedia.org

Publicatiegegevens

Joanna de Klerk

Het Complete Labrador Retriever Handboek ---- Eerste editie.

Samenvatting: "Een Labrador Retriever succesvol opvoeden van pup tot op hoge leeftijd" --- Verstrekt door de uitgever.

ISBN: 979-8-89818-012-6

[1.Labrador Retrievers --- Non-fictie] I. Titel.

Dit boek is geschreven met de uitdrukkelijke bedoeling om nauwkeurige en gezaghebbende informatie te verstrekken met betrekking tot het behandelde onderwerp. Hoewel bij de voorbereiding van dit boek alle redelijke voorzorgsmaatregelen zijn genomen, wijzen de auteur en uitgever uitdrukkelijk alle verantwoordelijkheid af voor eventuele fouten, omissies of nadelige gevolgen die voortvloeien uit het gebruik of de toepassing van de informatie in dit boek. De technieken en suggesties dienen naar eigen inzicht van de lezer te worden gebruikt en mogen niet worden beschouwd als vervanging voor professionele diergeneeskundige zorg. Als u een medisch probleem bij uw hond vermoedt, raadpleeg dan uw dierenarts.

Ontwerp door Sorin Rădulescu
Eerste Nederlandse editie, 2025

INHOUDSOPGAVE

HOOFDSTUK 16

Leven met een Oudere Hond

DANKWOORD

Aan alle Labrador-eigenaren: ik zou niet doen wat ik doe als jullie er niet waren! In mijn klinische werk heb ik een bijzondere interesse in pijnbestrijding. Toen ik net was afgestudeerd, zag ik keer op keer oude, krakerige Labradors mijn spreekkamer binnenkomen, en ik raakte gefrustreerd omdat de pijnverlichting die ik hun bood simpelweg niet voldoende was. Dit heeft me ertoe aangezet om diergeneeskundige pijnbestrijding als postdoctorale studie te volgen en daarnaast Westerse Acupunctuur te leren toepassen. Het grootste deel van mijn patiënten bestaat nog steeds uit oude, artritische honden, waarvan vele Labradors, en daarom is het een ras dat me aan het hart is komen te liggen.

Ik wil ook graag mijn vaste redacteur, Clare Hardy, bedanken. Ze heeft met mij achter de schermen aan veel van deze boeken gewerkt, en haar inbreng is absoluut onmisbaar. Bedankt voor al het harde werk en de moeite die je hebt gestoken in het helpen omvormen van deze boeken tot wat ze nu zijn! Zonder jou was het me niet gelukt!

HOOFDSTUK 1
Rasoverzicht

Het is absoluut niet moeilijk te begrijpen waarom de Labrador Retriever de favoriete hond ter wereld is! Bijna elke positieve eigenschap die je je maar kunt voorstellen in een ras lijkt van nature aanwezig bij de Labrador Retriever. Labs zijn intelligent, trainbaar, vol grenzeloze energie en bovenal vriendelijk tegenover mensen, zowel jong als oud. Hoewel Labs oorspronkelijk als werkhonden werden gefokt, vond het ras al snel zijn plek in huis, als een trouw en beminnelijk deel van het gezin.

Als je erover denkt om een Labrador Retriever in huis te nemen, zal dit boek je door alle basisprincipes leiden om het ras te begrijpen en ervoor te zorgen dat je weet hoe je aan de behoeften van je hond kunt voldoen.

Foto met dank aan
Christianna Legner

Foto met dank aan Michael Waters

Over het ras

"Een Labrador Retriever moet actief zijn (maar niet hyperactief), makkelijk te trainen, en moet goed overweg kunnen met volwassenen, kinderen en andere honden. Ze moeten van water en apporteren houden. En ze moeten de kenmerkende kop van het ras hebben met een vriendelijke, vertederende uitdrukking."

Tiffany Ginkel
Cedar Ranch Labrador Retrievers

Iedereen die een Labrador Retriever heeft leren kennen, kan bevestigen dat wanneer er ergens water is, zij het zullen vinden. Dat komt omdat het ras oorspronkelijk werd gecreëerd als werkhond om vis op te halen voor vissers in de Canadese provincie Newfoundland. Met hun waterafstotende vacht en zwemvliezen tussen de tenen, gedijen Labrador Retrievers goed in hun semi-aquatische rol. Door hun hoge intelligentie, enthousiasme en kracht werden Labradors al snel een favoriet werkras voor jagers. Maar het is de beminnelijke persoonlijkheid en zachtaardige karakter van het ras dat

*Foto met dank aan
Geoffrey Rhoades*

Labradors tot zulke perfecte gezinshonden maakt, en waarschijnlijk het meest veelzijdige ras als menselijke hulp en metgezel.

Uiterlijk

De Labrador Retriever is een glanzende, kortharige hond van middelgrote tot grote omvang, en komt in drie kleuren voor: zwart, geel en chocoladebruin.

De oorspronkelijke Labradors waren bijna altijd zwart. Zwart is het dominante gen ten opzichte van de gele en chocoladekleurige varianten, die soms ook gouden en lever worden genoemd. In de beginjaren werden gele en chocoladekleurige honden gezien als 'afwijkende kleuren' en werden ze weggefokt of soms zelfs afgemaakt. Tegenwoordig worden alle drie de kleuren gelijkwaardig erkend door de Raad van Beheer, hoewel in het veld de zwarte Labrador vaker wordt gezien. De hedendaagse Labs hebben meestal een effen kleur, hoewel ze in de beginjaren van het ras soms witte poten en een witte snuit hadden, de gebieden die bij oudere Labs vaak grijs worden.

De Labrador Retriever lijkt misschien een groot ras, aangezien een gezonde hond stevig en gespierd is, maar ze worden geclassificeerd als middelgroot tot groot, met een schofthoogte tot 61 cm. Vrouwtjes zijn iets kleiner dan mannetjes. Volgens de AKC-standaard is het ideale gewicht voor reuen 29-36 kg en voor teven 25-32 kg. De Labrador staat bekend om zijn enorme eetlust en is geneigd om aan te komen, vooral als een hond niet genoeg beweging krijgt. De eigenaar van een Labrador moet daarom altijd extra opletten dat zijn hond niet te dik wordt, wat kan leiden tot veel gezondheidsproblemen.

De waterafstotende vacht van de Labrador is zeker een pluspunt, want hoe aangetrokken hij ook is tot modder en water, zijn vacht is gemakkelijk af te spoelen of af te borstelen en heeft slechts minimale verzorging nodig. De Lab verhaart echter twee keer per jaar in de lente en herfst, en zal het hele jaar door behoorlijk veel haren verliezen. Dit komt doordat de Lab een dubbele vacht heeft, wat betekent dat hij een geïsoleerde ondervacht heeft om hem tegen de kou te beschermen. Dat is geweldig voor zijn comfort buitenshuis, maar minder fijn voor je meubels! Het betekent ook dat een Labrador misschien niet geschikt voor je is als er allergieën in de familie voorkomen. Door je hond elke dag buiten te borstelen, zorg je ervoor dat hij zo min mogelijk losse haren mee naar binnen neemt.

Natuurlijk kan er geen volledige eer worden gedaan aan het goede uiterlijk van de Labrador zonder verwijzing naar zijn zonnige persoonlijkheid,
die straalt in zijn levendige bruine ogen en karakteristieke glimlach. Met zulke eigenschappen is het gemakkelijk om wat haren op het tapijt te vergeven!

Levensverwachting

De levensduur van een Labrador Retriever is 10-14 jaar, met een gemiddelde van ongeveer 12 jaar. Chocoladekleurige Labradors hebben de neiging tot een iets kortere levensduur van ongeveer 10 jaar. Onderzoek* sug-
gereert dat dit komt doordat het chocoladegen recessief is, wat betekent
dat beide ouders dragers moeten zijn om chocoladekleurige pups te produceren. Dit heeft geresulteerd in een kleinere genenpool, en met minder genetische diversiteit komt een grotere neiging tot genetische ziekten. Hoewel
het gele gen ook recessief is, heeft de grotere populariteit van deze kleur de
genenpool uitgebreid, waardoor ze minder worden getroffen. Maar zoals bij

*Foto met dank aan
Jillian Torres*

elke rashond geldt: voor de grootste kans op een lang, gezond leven moet je zoeken naar ouders met stambomen die zo min mogelijk inteelt vertonen.

Als je een Labrador als pup koopt, moet je rekening houden met eventuele veranderingen in je persoonlijke omstandigheden gedurende zijn verwachte levensduur, en of je je kunt inzetten voor de zorg van je hond gedurende zijn hele leven.

*[*McGreevy, P.D., Wilson, B.J., Mansfield, C.S. et al. Labrador retrievers under primary veterinary care in the UK: demography, mortality and disorders. Canine Genet Epidemiol 5, 8 (2018).]*

Persoonlijkheid

"Labs zijn ook erg mensgericht en zijn geen goede 'tuinhonden' (die alleen buiten worden gelaten). Ze moeten deel uitmaken van je gezin en je dagelijkse leven."

Neil en Jodi Martin
Carriage Hill Labradors

De Labrador Retriever is een enthousiaste hond, met de drive om hard te werken en de intelligentie om zich gewillig aan te passen aan elke eis. Labs zijn gretig om te behagen en je instructies op te volgen, en dat maakt het leven met een Labrador Retriever enorm bevredigend, aangezien de liefde die je aan je huisdier geeft volledig wordt beantwoord, met onwankelbare loyaliteit en toewijding. De natuurlijke trainbaarheid van de Labrador maakt hem tot een uitstekende werkhond, evenals een gemakkelijk lid van het gezin. Om echter het meeste uit je beste vriend te halen, is het belangrijk om hem te trainen.

Hoofdstuk 3 van dit boek gaat dieper in op het gedrag van een Labrador Retriever. Er wordt opgemerkt dat hoewel er een geaccepteerde standaardpersoonlijkheid voor het ras bestaat, er om vele redenen variaties zullen zijn. In het geval van de Labrador beweren veel mensen dat er persoonlijkheidsverschillen bestaan tussen de drie kleuren. Zo wordt de zwarte Labrador, die zo vaak in het veld wordt gezien, beschouwd als een gedreven en geduldige jager. De gele Lab wordt gezien als een zachtaardige gezinshond, en de chocolade Lab zou een meer onafhankelijke inslag hebben. In werkelijkheid is het kleurgen op zich niet relevant voor de persoonlijkheid van de Labrador, maar het fokken op specifieke eigenschappen kan een variatie opleveren. Dus waar de zwarte Lab de voorkeur heeft als werkhond, is hij geselecteerd en gefokt op zijn actieve en gefocuste kwaliteiten. En toen de gele Lab een gezinsfavoriet werd, werd deze kleurvariant selectief gefokt op zijn rustigere, vriendelijke karakter.

De andere omstandigheid die de persoonlijkheid van een Labrador kan beïnvloeden, is helaas door de mens veroorzaakt. Als je een oudere hond adopteert uit een asiel, kunnen zijn vroege ervaringen zijn vertrouwen hebben beschadigd en hem onnatuurlijk angstig hebben gemaakt, en in zeldzame gevallen zelfs agressief. Of hij is misschien nooit getraind om zijn potentieel te bereiken. Er is dus werk aan de winkel met een asielhond, om een band te smeden en zijn ware persoonlijkheid naar boven te halen. Als intelligent en vriendelijk ras is er echter altijd een goede kans om een Labrador te rehabiliteren en hem een nieuwe start te geven.

Een Labrador Retriever zal je huis vullen met vreugde en vermaak. Je Lab is de ene vriend die je nooit hoeft te doorgronden, aangezien zijn eerlijke en onvoorwaardelijke liefde alles in perspectief plaatst aan het einde van de dag.

Binnenshuis

Foto met dank aan
Tanya De La Garza

De Labrador Retriever is een middelgrote tot grote hond en met zijn uitbundige karakter zal hij een ruimte zowel fysiek als figuurlijk vullen! De Lab is niet ideaal geschikt voor het leven in een appartement, omdat hij zowel binnen- als buitenruimte nodig heeft. Als een Lab geen andere optie heeft dan in een appartement te wonen, bijvoorbeeld omdat hij een hulphond is, dan heeft hij waarschijnlijk een speciale training gehad om daarmee om te gaan. Toch heeft hij nog steeds voldoende beweging nodig voor zijn fysieke en mentale welzijn.

Als je een puppy koopt, houd dan in gedachten hoe groot je Labrador zal worden als hij volgroeid is. Als je nieuw bent met dit ras, kan het de moeite waard zijn om een vriend met een volwassen Labrador of een hond van vergelijkbare grootte bij je thuis uit te nodigen, om een idee te krijgen van het effect dat zo'n grote hond zal hebben op je persoonlijke ruimte. Als je alleen woont en dit waarschijnlijk niet zal veranderen, zul je misschien merken dat er genoeg ruimte is voor jou en een levendige Labrador in een bescheiden huis. Als je echter een groot gezin hebt, moet je nadenken over de ruimte die je Labrador zal innemen en het effect daarvan op de speelruimte van de kinderen, de woonruimte en de werkruimte van andere volwassenen in huis. Natuurlijk hoeft je hond niet per se toegang te hebben tot het hele huis, zolang de kamers waarin hij mag komen maar groot genoeg zijn en vrij van gevaren. Dit is een kwestie van individuele voorkeur, maar moet zorgvuldig worden overwogen voordat je je huis en de komende 12 jaar van je leven deelt met een grote, energieke hond.

Zoals eerder vermeld, hoewel de Labrador Retriever een korte vacht heeft, verhaart hij wel, dus je moet voorbereid zijn op haar en huidschilfers in huis. Huidschilfers zijn kleine stukjes huid die alle dieren verliezen, en zijn bijzonder allergeen. Er zijn veel stofzuigers op de markt die speciaal zijn ontworpen voor huizen met huisdieren. Ze hebben extra zuigkracht en HEPA-filters om je huis haar- en allergenenvrij te houden, en zijn de investering zeker waard. Harde vloeren zijn een voordeel ten opzichte van tapijt omdat ze gemakkelijk schoon te maken zijn, geen vlooien herbergen en de onvermijdelijke zindelijkheidsongelukjes niet opzuigen. Als je tapijt hebt, kun je overwegen een tapijtshampoo-apparaat aan te schaffen. Leren meubels kunnen gemakkelijk worden afgeveegd en trekken geen haar aan zoals stoffen bekledingen.

Helaas zal een Labrador niet geschikt zijn voor sommige mensen, omdat zijn huidschilfers en verharen een reactie kunnen uitlokken bij mensen met ernstige allergieën. Je kunt ook overwegen of regelmatige bezoekers aan je huis, zoals familie, allergisch zijn voor honden voordat je besluit een Labrador Retriever te nemen. Aangezien de Labrador het meest populaire hulphondenras is, is hij gekruist met de Poedel – die een niet-verharende vacht heeft – om de Labradoodle te fokken voor mensen met allergieën die een hulphond nodig hebben. De Labradoodle is echter geenszins gegarandeerd hypoallergeen, en kan minder betrouwbaar zijn dan een Labrador.

Er valt niet aan te ontkomen, de Labrador Retriever staat bekend als een van de meer geurende honden in het spectrum van hondengeur. Dit komt door zijn dikke dubbele vacht, die natuurlijke hondengeur vasthoudt. Maar veel mensen hebben geen bezwaar tegen de kenmerkende geur van de Labrador, en kunnen het zelfs vrij aandoenlijk vinden. In huis zul je er waarschijnlijk vrij snel neusgevoelloos voor worden, ook al geldt dat niet voor je bezoekers. Aan de andere kant houden veel Labradors ervan om in alles wat onsmakelijk is buiten te rollen, wat zeer doordringende geuren in je huis kan brengen. Andere geuren waar je op voorbereid moet zijn, zijn winderigheid, die meestal te wijten is aan een onjuist dieet, anaalklieren, die soms verstopt kunnen raken en een vieze afscheiding kunnen vrijgeven,

17

en zindelijkheidsongelukjes. Als je bijzonder gevoelig bent voor minder dan geurige geuren in huis, is de Labrador misschien niet de hond voor jou!

Als je de impact van het delen van je huis met een Labrador hebt overwogen, en besluit dat alle positieve voordelen die je viervoeter zal brengen ruimschoots opwegen tegen de kleine opofferingen, dan is er geen twijfel dat een Lab in het gezin je huis tot een thuis zal maken!

Buitenshuis

Een Labrador Retriever heeft idealiter een eigen achtertuin nodig. Als je geen privétuin hebt, heb je toegang nodig tot een veilige ruimte direct buiten je huis voor toiletbezoek, en extra wandelingen overdag om het gebrek aan een tuin te compenseren. Een volledig omheinde, veilige achtertuin heeft de voorkeur omdat je er een ontspannende buitenruimte van kunt maken, waar je hond los kan lopen en van de frisse lucht kan genieten.

Labradors zijn een atletisch ras, dus je moet ervoor zorgen dat je tuinhek hoog genoeg is om te voorkomen dat hij eroverheen springt, idealiter minstens 1,80 meter hoog zonder gaten. Het moet ook helemaal tot de grond reiken als je een puppy hebt die eronderdoor zou kunnen kruipen. Als je een Labrador hebt die graaft, moet je hem buiten in de gaten houden, voor het geval hij onder het hek door tunnelt. Leid het graafinstinct van je hond af door een zandbak met begraven lekkernijen te voorzien, zodat hij een toegestane plek heeft om zijn instincten uit te oefenen en je bloembedden met rust laat!

Als je een hond adopteert uit een asiel, krijg je waarschijnlijk een huiscontrole, ongeacht of je eerder honden hebt gehad. Als je nieuw bent in het hondenbezit, is de huiscontrole een ideale gelegenheid om je buitenruimte door een ervaren oog te laten bekijken. De huiscontroleur zal suggesties doen als ze gebroken hekpanelen, andere ontsnappingsroutes of gevaarlijke voorwerpen zien. Dit betekent niet dat je aanvraag wordt geweigerd, maar je zult deze problemen moeten corrigeren voordat je je asielhond mee naar huis kunt nemen.

Als je een puppy koopt en nog nooit een hond hebt gehad, krijg je waarschijnlijk geen huiscontrole, hoewel sommige fokkers de nieuwe huizen van hun puppy's wel controleren. Als dat niet het geval is, kun je een ervaren hondenbezittende vriend vragen om je tuin te controleren voor de geruststelling dat je niets over het hoofd hebt gezien. Meer advies over hoe je je huis en tuin kunt voorbereiden, vind je in hoofdstuk 5.

De Labrador Retriever werd gefokt om buiten te werken en heeft veel beweging nodig, dus je hond heeft ook toegang nodig tot open ruimtes waar hij kan rennen en verkennen. Om hem veilig van deze vrijheid te laten genieten, is het belangrijk dat hij getraind is om goed terug te komen wanneer je hem roept. Training wordt in detail besproken in hoofdstuk 6.

Honden houden net zoveel van hun vertrouwde wandelingen als van de vreugde van het ontdekken van nieuwe plaatsen, en je Labrador zal er veel plezier in scheppen om alle geuren rond zijn bredere territorium te controleren. De fysieke en mentale gezondheid van je hond hangt af van het feit dat hij naar buiten gaat, vooral als je ergens woont zonder eigen tuin. Je moet verstandige voorzorgsmaatregelen nemen voor de veiligheid van je hond in openbare ruimtes. Houd hem altijd aan de lijn in de buurt van verkeer, en gevaarlijke plekken zoals snelstromende rivieren of klifranden, of waar hij kinderen zou kunnen intimideren, of ongevraagd in een familiepicknick zou kunnen springen. Je hond moet ook een halsband dragen met een identiteitsplaatje, en idealiter een microchip hebben, wat in sommige landen een wettelijke verplichting is. Zorg ervoor dat het microchipbedrijf altijd je actuele gegevens heeft, zodat je hond herenigd kan worden wanneer hij wegloopt.

Kosten van het houden van een Labrador Retriever

De eerste kosten bij het aanschaffen van een Labrador Retriever is de prijs van de hond, en aangezien een Lab een rashond is, zal deze relatief hoog zijn. Gemiddeld kun je verwachten dat je €500-€2.000 betaalt voor een Labrador Retriever met een geregistreerde stamboom. Hoewel je een hond voor een lagere prijs kunt krijgen, moet je je ervan bewust zijn dat een hond zonder papieren het resultaat kan zijn van toevallige of onervaren fokkerij, of een geldmakende operatie die het welzijn van de honden negeert. Een 'goedkope' Labrador-puppy zal dus waarschijnlijk later meer gezondheidsproblemen hebben. Als je daarentegen een asielhond uit een opvang neemt, zijn deze honden niet gratis. Je zult altijd een herplaatsingsvergoeding moeten betalen. Dit kan in de orde van €200-€500 liggen en dekt de algemene kosten die de opvang maakt in hun werk, zoals sterilisatie, vaccinaties, microchippen, opvang, huisvesting, voeding, transport en administratie. En het zorgt ervoor dat niemand een asiel gebruikt als een plek om een gratis hond op te halen voor illegale hondengevechten, fokken of doorverkopen.

*Foto met dank aan
Debbie Wilson*

Labrador Retrievers zijn vrij kostbare honden om te houden vanwege hun grootte en mogelijke gezondheidsproblemen. Preventieve diergeneeskunde wordt besproken in hoofdstuk 11, en verzekering voor dierenartskosten wordt sterk aanbevolen vanaf het begin, vooral voor een Labrador. Als alternatief geven sommige eigenaren er de voorkeur aan om regelmatig een bedrag opzij te zetten voor onvoorziene dierenartskosten. Als dit je keuze is, moet je je ervan bewust zijn dat dierenartskosten voor een Labrador in de duizenden euro's kunnen lopen, en als je op een kritiek moment te weinig levensreddende middelen hebt, kan dat je dwingen om zeer moeilijke beslissingen te nemen. Je zult ook andere regelmatige kosten hebben, zoals parasietenbehandelingen en jaarlijkse vaccinaties, die in het budget moeten worden opgenomen. Sommige dierenartsen hebben maandelijkse plannen om te helpen bij het budgetteren van regelmatige gezondheidskosten voor je hond.

Op dagelijkse basis zullen de kosten voor het voeden van je Labrador Retriever hoger zijn dan gemiddeld, omdat hij groot en energiek is. Ook omdat het ras aanleg heeft voor gewrichtsproblemen en andere gezondheidsproblemen op latere leeftijd, moet je ervoor zorgen dat hij een hoogwaardig dieet heeft. Voeding wordt besproken in hoofdstuk 8. Zodra je weet welk type voer je je hond wilt geven, is het de moeite waard om op basis van de richtlijnen van de fabrikant uit te rekenen hoeveel je een volwassen Labrador zou voeren, zodat je een idee krijgt van de maandelijkse kosten. Vergeet niet dat je hond af en toe een traktatie verdient, vooral tijdens zijn training, dus bouw ook een beetje in het budget voor dit doel.

Als je Lab je eerste hond is, zul je vooraf in wat uitrusting moeten investeren. En naarmate je hond uit zijn bed, bench, tuig, speelgoed, lijnen enz. groeit, ze verslijt of vernielt, zul je ze gaandeweg moeten vervangen. Hoofdstuk 5 bespreekt dingen die je bij de hand moet hebben voor je nieuwe hond.

Het bezitten van een Labrador opent een wereld van optionele activiteiten. Veel zijn gratis, en andere vereisen lesgeld, inschrijfgeld, uitrusting of andere diensten. Hondentraining is de eerste activiteit die elke nieuwe eigenaar moet regelen. Als je eerder honden hebt gehad, ben je misschien al zelfverzekerd dat je je hond zelf kunt trainen, en in hoofdstuk 6 worden enkele tips gegeven. Online video's zijn ook een uitstekende trainingsbron. Het volgen van trainingslessen biedt echter veel kameraadschap en ondersteuning, evenals de waardevolle mogelijkheid om je hond te socialiseren. Er zal meestal een vergoeding zijn, maar het is het zeker waard. Ook voor andere activiteiten die je Lab leuk kan vinden, zoals behendigheidslessen en Flyball-sessies, zal een vergoeding en mogelijk wat extra uitrusting nodig zijn. Als je op een hoger niveau wilt wedijveren, zullen er ook extra kosten zijn.

En als je je hond wilt showen, moet je voorbereid zijn op inschrijfgelden, reiskosten en alle uitgaven die gepaard gaan met het in topconditie houden van je hond. Deze worden besproken in hoofdstuk 15.

Hoewel het houden van een Labrador Retriever dus duurder is dan de gemiddelde hond, zijn veel van de uitgaven optioneel, en je kunt de kosten beperken. De keuze voor een Labrador Retriever betekent niet dat je rijk moet zijn, zolang huidige en toekomstige uitgaven maar zijn begroot. Voor je makkelijke Labrador is het vooral belangrijk dat hij zich comfortabel voelt, goed gevoed is, voldoende beweging krijgt, geen pijn heeft en het grootste deel van de dag menselijk gezelschap heeft – met af en toe contact met andere honden. Als je hem deze basisbehoeften kunt garanderen, dan heb je een vriend voor het leven!

HOOFDSTUK 2
Rasgeschiedenis

Oorsprong van het ras

Labrador is een regio in Canada, en het zou logisch zijn om te denken dat de Labrador Retriever hier vandaan komt. Om preciezer te zijn, de vroegste voorouders van de Labrador kwamen echter uit Newfoundland, al in de jaren 1500. Maar er bestond al een apart ras genaamd de Newfoundlander, die groter was dan de Labrador, met een hogere staartdracht. In de beginjaren stond de Labrador daarom bekend als de St. John's Dog of Kleine Newfoundlander. Het ras ontstond uit kruisingen tussen de Newfoundlander en kleinere waterhonden, met als doel een wendbare werkhond te creëren voor Canadese vissers. Net als het ras dat we vandaag kennen, hadden de vroege Labradors zwemvliezen tussen hun tenen en een waterafstotende vacht. En hun dikke, taps toelopende staart (bekend als een otterstaart) diende als een krachtig roer. Ze waren dus in

Foto met dank aan Lisa Higbee

hun element in koud water, waar ze vissen ophaalden die van de haken waren gevallen of netten binnenhaalden.

De St. John's Dogs stonden bekend als werkbeesten die opbloeiden tijdens hun werk en enthousiast doorwerkten tot voorbij het punt van uitputting. Maar ze vonden ook hun plek in het gezin, wanneer vissers hen mee naar huis namen om met de kinderen te spelen. De kenmerken van een echte allround hond waren dus al zichtbaar in de voorouders van de Labrador, zelfs vele eeuwen geleden.

Het was pas in de jaren 1800 dat de Labrador bredere bekendheid kreeg, toen de 2e Graaf van Malmesbury het ras in actie zag in Newfoundland en ze meenam naar Heron Court in Poole, Engeland, om ze te gebruiken bij de watervogeljacht. Andere aristocratische promotors van het Labrador-ras waren de 10e Graaf van Home en zijn neven, de 5e Hertog van Buccleuch en Lord John Scott, die het potentieel van de Labrador als jachthond zagen. Naarmate de negentiende eeuw vorderde, bleven opeenvolgende familieleden het Labrador-ras fokken en verfijnen. De naam werd bedacht door de 3e Graaf van Malmesbury in de jaren 1880, aangezien Labrador en Newfoundland in die tijd door de Britten als dezelfde landmassa werden beschouwd.

Drie van de stamhonden van de 6e Hertog van Buccleuch werden hem geschonken door de 3e Graaf van Malmesbury, nadat de Hertog enorm onder de indruk was geraakt van de Labradors van de Graaf tijdens een jachtpartij in Dorset. De Labrador-kennel van de hertog in Langholm, in de Schotse Borders, groeide vervolgens uit tot de grootste van Groot-Brittannië. De beste bloedlijnen van Malmesbury en Buccleuch werden gekruist om een sterke en zorgvuldig onderhouden stamboom te creëren – een lijn die zelfs tot op de dag van vandaag voortleeft.

"De belangrijkste kenmerken van de traditionele Buccleuch Labrador zijn een goede neus, een zachte bek en een intelligent en moedig temperament. Hun koppen zijn vaak korter dan de gemiddelde Labrador; ze hebben een dikke dubbele vacht en vaak de 'otter' staart. De zuivere lijn kan alleen zwarte puppy's voortbrengen."

[Bron: www.drumlanrigcastle.co.uk]

In 1903 werd de Labrador erkend door de Engelse Kennel Club, en in 1917 volgde de American Kennel Club door zijn eerste Labrador Retriever te registreren.

Terug in het Verenigd Koninkrijk kende de Buccleuch Kennel een neergang in de eerste helft van de twintigste eeuw, om verschillende redenen, waaronder de oorlogsjaren. Het fokprogramma werd echter opnieuw opgezet in de naoorlogse jaren, en over de continenten heen werkte de Labrador Retriever zich op naar de top van de Kennel Club-registraties, waardoor het officieel het favoriete ras werd in veel landen.

Genetica

De genetica van de Labrador Retriever is het duidelijkst zichtbaar in zijn drie verschillende kleuren: zwart, geel en chocoladebruin. Voor hun kleur draagt elke Labrador Retriever een combinatie van vier belangrijke genen. Deze genen zijn van het B- en E-type, en bestaan uit een grote B en een kleine b, en een grote E en een kleine e. Een Labrador kan deze in verschillende combinaties hebben.

De B-genen zijn eenvoudig als je bedenkt dat ze staan voor Black (zwart) en Brown (bruin). De grote B bevat een instructie om veel kleur te maken, wat een zwarte vacht geeft, terwijl de kleine b een instructie bevat voor minder kleur, wat een bruine vacht veroorzaakt. Maar grote B is een dominant gen, dus het zal een kleine b overschrijven. Bijgevolg geven BB en Bb zwart, en bb geeft bruin.

Maar hoe zit het met gele Labradors? Hier komen de E-genen in beeld. Een Labrador erft ook een paar van deze. Grote E is dominant maar beïn-

Foto met dank aan
Ashleigh Greule

vloedt de kleur niet. Kleine e schakelt echter kleur uit. Dus als een Labrador twee kleine e's erft, zal hij geel zijn.

Er is nog een laatste set genen, de D-genen, die staan voor Dilute (verdunning). Als een Labrador twee recessieve kleine d-genen erft, maakt dit zijn vacht lichter. Dit is hoe je soms Labradors in antraciet, champagne en zilver kleuren krijgt.

De Raad van Beheer erkent alleen zwart, chocoladebruin en geel als officiële Labrador-kleuren. Soms komen echter kleurvariaties voor. Er is enige controverse over waarom dit zo is, waarbij sommigen pleiten voor de aanwezigheid van een recessief dd-gen (D staat voor Dilute). Aangezien de Labrador echter niet wordt beschouwd als een natuurlijke drager van het dd-gen, beweren sommigen dat het het resultaat is van kruisfokken, zelfs tientallen jaren geleden. Een andere verklaring voor lichtere vachtkleuren is dat het ee-gen meer als een

dimmer werkt dan als een aan-uit-schakelaar. Zilver- en champagnekleurige Labradors zijn zeker prachtig, maar worden over het algemeen niet als raszuiver erkend door de Raad van Beheer.

Met uitzondering van gele Labradors weet je nooit welke recessieve genen een Labrador draagt, dus alle kleuren kunnen in een nest voorkomen. Ervaren fokkers hebben natuurlijk een goed idee van de recessieve genen in hun honden en hebben een redelijk idee van de waarschijnlijke kleuren van hun pups.

Welke combinatie van kleurgenen ook aan je Labrador-puppy is doorgegeven, één ding is zeker: hij zal zeker de speciale mix van intelligentie, levendigheid en genegenheid hebben geërfd die het kenmerk is van het ras.

Historische standaarden

Tijdens de beginjaren van het ras, toen de Labrador nog bekend stond als de St. John's Dog en werkte in Canadese wateren, was er geen rasstandaard zoals we die vandaag kennen. Maar de hond werd gefokt op bepaalde praktische kwaliteiten: een korte, dichte, waterdichte vacht, zwemvliezen, een "otterstaart" en een enthousiasme voor werk. Dit zijn eigenschappen die we nog steeds zien in de Labradors van vandaag, hoewel onze houding ten opzichte van kleur is veranderd. Zoals al opgemerkt, waren de vroege honden allemaal zwart, waarbij "afwijkende kleuren" vaak werden geëuthanaseerd. Maar terwijl de huidige zwarte, gele, chocoladebruine en verdunde kleurvarianten meestal egaal zijn, had de St. John's dog soms een witte snuit en poten.

Een van de eerste observaties van de kwaliteiten die de Labrador zo'n veelbelovende aanvulling maakten op de Engelse jachtkennels, werd gedaan door kolonel Peter Hawker, een gevierd dagboekschrijver, auteur en sportman. Kolonel Hawker bezocht Newfoundland in 1814 en beschreef de St. John's Dog als een hond met een uitstekend reukvermogen, flexibiliteit in het veld en snelheid. In zijn verslag zei hij over het ras dat het:

"...vaker zwart dan een andere kleur en nauwelijks groter dan een pointer. Hij is vrij lang gebouwd in kop en snuit; vrij diep in de borst; zeer fijn van benen; heeft kort of glad haar, draagt zijn staart niet erg gekruld, en is bijzonder snel en behendig in rennen en zwemmen... Het St. John's-type van deze honden wordt aan hun geboortekust vooral door vissers gebruikt. Hun reukvermogen is nauwelijks te bevatten. Hun vermogen om geuren te onderscheiden... lijkt bijna onmogelijk... Voor het opsporen van gewond wild van welke soort dan ook heeft hij geen gelijke in het hondenrijk; en hij is onmisbaar bij de algemene jacht op watervogels."

(Bron: Hawker, P. 1830, Instructions to Young Sportsmen in All that Relates to Guns and Shooting)

Met dergelijke kwaliteiten begonnen de twee belangrijkste kennels in Groot-Brittannië die het ras ontwikkelden, het ras te verfijnen volgens hun eigen hoge normen, als metgezel voor elke landedelman tijdens de jacht.

Het was pas in het begin van de twintigste eeuw, toen het ras werd erkend door de Britse en Amerikaanse Kennel Clubs, dat een officiële rasstandaard werd opgesteld. Dit wordt in meer detail besproken in hoofdstuk 15 over het showen van je hond.

Beroemde Labrador Retrievers in de geschiedenis

De Labrador Retriever is zo'n populaire en veelzijdige hond dat zijn vrolijke gezicht overal te zien is, en het is geen verrassing dat veel Labs in de publieke belangstelling zijn gekomen. Hier erkennen we enkele van de grootste namen in de Labrador Hall of Fame:

Rasambassadeurs:

Ben of Hyde behoorde toe aan Majoor Radcliffe en werd geboren in 1899. Hoewel het Labrador-ras goed gevestigd was rond de eeuwwisseling, werd het gedomineerd door de populaire zwarte kleur, en Ben of Hyde was de eerste gedocumenteerde gele Labrador Retriever. Ben of Hyde en zijn

Foto met dank aan
Abbie Alhashimi

zoon Neptune worden beschouwd als de bron van de meeste gele Labradors van vandaag.

King Buck (1948-1962) werd vroeg in zijn leven getroffen door hondenziekte, maar herstelde en werd een Field Trials-kampioen, met een succesrecord dat 40 jaar lang niet werd geëvenaard. Hij kreeg bredere bekendheid als de eerste hond die verscheen op een postzegel van de United States Fish and Wildlife Service Duck (1959), waarop altijd een watervogel stond afgebeeld. Het kunstwerk werd gemaakt door Maynard Reece en toonde King Buck met een wilde eend in zijn bek.

Nell was de hond van de Graaf van Home van het landgoed Buccleuch, en werd zowel beschreven als een Labrador als een St. John's dog. Ze was de eerste van het ras die werd gefotografeerd, in 1856, en haar foto toont dat ze een zwarte vacht had, met witte poten en snuit.

Sterren van film en literatuur:

Junkyard was een gele Labrador in de Disney-film Race to Witch Mountain uit 2009. Hij werd gespeeld door Buck, wiens andere filmrollen onder andere Eight Below (2006) en Snow Dogs (2002) omvatten.

Marley was een gele Labrador die de hoofdrol speelde in de film Marley & Me (2009). Naarmate Marley in de film ouder werd, werd hij gespeeld door verschillende honden. De film is gebaseerd op het waargebeurde verhaal "Marley & Me: Life and Love with the World's Worst Dog" van John Grogan.

Spike was een beroemde kruising tussen een gele Labrador en een Mastiff, met een achtergrond als asielhond. Hij was eigendom van Frank Weatherwax, die honden trainde voor acteerrollen, en in 1957 speelde hij de hoofdrol in de Disney-film Old Yeller. Hij speelde ook in She-Creature (1956) en The Silent Call (1961). Op televisie verscheen hij in programma's zoals The Westerner, Hondo en The Mickey Mouse Club, en in de tv-serie Lassie speelde hij de rollen van Barney, Chuka en Skipper. Spikes zoon Junior speelde Rontu in Island of the Blue Dolphins.

Metgezellen van de sterren

Buddy en Seamus waren de Labradors van voormalig president van de Verenigde Staten Bill Clinton. Buddy was een chocoladekleurige Labrador die niet goed overweg kon met de kat in het Witte Huis. Tragisch genoeg werd de vierjarige Buddy in 2002 aangereden door een auto, wat Bill Clinton beschreef als "verreweg het ergste" dat hem was overkomen sinds hij zijn ambt had verlaten. Kort daarna namen de Clintons een andere chocoladekleurige Labrador genaamd Seamus, die de achterneef van Buddy was uit dezelfde kennel.

Koni (1999 - 2014) was de zwarte Labrador Retriever van de Russische president Vladimir Poetin. Haar volledige naam was Connie Paulgrave. Koni haalde de krantenkoppen toen president Poetin haar in 2007 meenam naar een ontmoeting met de Duitse bondskanselier Angela Merkel, wat niet goed viel bij de bondskanselier, die een angst voor honden had overgehouden na een aanval in 1995.

Sully was een gele Labrador, genoemd naar de piloot die in 2009 veilig een beschadigd passagiersvliegtuig op de Hudson River landde. Sully was een getrainde militaire hulphond en diende bij voormalig Amerikaans president George H.W. Bush tijdens de laatste zes maanden van zijn leven. Hij kreeg aandacht op sociale media toen hij gefotografeerd werd terwijl hij naast de kist van de president sliep. Sully ging daarna werken bij de revalidatie van gewonde Amerikaanse militairen.

Foto met dank aan
Chris Norton

Hulphonden en helden

Dorado was een gele Labrador die toebehoorde aan Omar Riviera, toen het paar zich op een hogere verdieping van het World Trade Center bevond op de dag van de aanslag van 11 september. Hoewel Dorado's baasje meerdere keren probeerde hem in veiligheid te duwen, wilde de hond niet bij hem weggaan en leidde hem 70 verdiepingen naar beneden, net voordat de toren instortte.

Jake de zwarte Labrador is een andere held van de aanslagen van 11 september. Als getrainde zoek- en reddingshond werkte hij een meedogenloze periode van 17 dagen om overlevenden en slachtoffers te lokaliseren bij het World Trade Center, waarbij hij onvermoeibaar door "witheet, rokend puin" groef. Jake hielp ook bij het zoeken naar slachtoffers van orkaan Katrina en orkaan Rita in 2005. Jake was als puppy achtergelaten met een gebroken poot en een ontwrichte heup, maar hij groeide uit tot een van de minder dan 200 door de Amerikaanse overheid gecertificeerde reddingshonden. Hij werkte ook als therapiehond bij brandwondenslachtoffers en verpleeghuisbewoners. Jake stierf aan kanker in 2007 op 12-jarige leeftijd.

Lucky en Flo waren twee zwarte Labradors uit hetzelfde nest, getraind om optische apparatuur zoals gepirateerde cd's en dvd's op te sporen. In 2007 werden ze beroemd omdat ze in Maleisië bijna 2 miljoen illegale namaak-dvd's opspeurden voor de Motion Picture Association of America. Deze prestatie leidde tot de arrestatie van de softwarepiraten en een premie van tienduizend dollar op de hoofden van de twee honden!

Sabi, een zwarte Labrador met een witte vlek op haar borst, was lid van de Australische Special Forces die in Afghanistan dienden. Als speurhond was ze getraind om explosieven op te sporen. Sabi raakte in 2008 tijdens een gevecht gescheiden van haar begeleider en werd vervolgens meer dan een jaar vermist in de Afghaanse woestijn, waar ze werd vastgehouden door Talibanstrijders. Ze werd in 2009 veilig en wel teruggevonden.

HOOFDSTUK 3
Gedrag

"Labradors hebben veel energie, maar ze hebben een geweldig karakter en zijn fantastisch met kinderen. Ze zijn ook een zeer veelzijdig ras. Ze worden ingezet voor de jacht, behendigheidsproeven, als hulphonden en als politie-/drugshonden, naast dat ze geweldige gezinshonden zijn."

Lauren McNeely
Bayard Acres Labrador Retrievers

Temperament

Een van de belangrijkste redenen waarom de wereld de Labrador Retriever in het hart heeft gesloten, is het geweldige temperament van de Lab.

Kortom, Labrador Retrievers zijn doorgaans vriendelijk, actief en extravert. De Raad van Beheer op Kynologisch Gebied in Nederland stelt dat de Labrador vriendelijk, intelligent en evenwichtig moet zijn. En de rasstandaard van de Raad van Beheer beschrijft het temperament van de Labrador als volgt:

"Het ideale karakter is vriendelijk, sociaal en meegaand; leergierig en niet-agressief tegenover mens of dier. De Labrador heeft veel eigenschappen die mensen aanspreken; zijn zachtaardige karakter, intelligentie en aanpassingsvermogen maken hem tot een ideale hond. Agressiviteit tegenover mensen of andere dieren, of enig teken van schuwheid bij een volwassen hond moet streng worden bestraft."

(Raad van Beheer)

De rasstandaard stelt een maatstaf om ervoor te zorgen dat alle geregistreerde Labrador Retrievers het temperament bezitten dat het kenmerk is van het ras. Het is zeer zeldzaam dat een Labrador agressief of angstig is, behalve wanneer hij in de steek is gelaten door de mensen in zijn leven. Hoewel het ras van nature vergevingsgezind is, kan dat vertrouwen in de meest ernstige gevallen niet worden hersteld. De andere

*Foto met dank aan
Monica Hillesheim*

factor die kan leiden tot een atypisch Labrador-temperament, is het resultaat van opeenvolgende onzorgvuldige fokprogramma's, waarbij de ouders niet zijn geselecteerd op hun uitstekende temperament. Er kunnen zelfs andere rassen in de mix zitten. Door altijd te kopen bij een fokker die is aangesloten bij de Raad van Beheer, heb je de beste kans om een Labrador te krijgen wiens temperament het beste van het ras weerspiegelt.

Iedereen die een Labrador Retriever in huis neemt, moet begrijpen dat hij een taak moet krijgen en voldoende mogelijkheden moet hebben om zijn hersenen te gebruiken en zijn aanzienlijke energie kwijt te raken, zodat zijn temperament kan schitteren. Elk negatief gedrag dat een Labrador zou kunnen ontwikkelen, kan het gevolg zijn van een gebrek aan stimulatie. Dus wanneer de eigenaar van een Lab zijn deel doet, zal de Lab zijn deel doen en laten zien waarom het ras wereldwijd zo geliefd is.

Bewegingsbehoefte

"Groeischijven sluiten bij Labrador-pups op een leeftijd van 14 maanden; dus geen lange afstanden rennen op harde ondergronden tot na die tijd. Het is het beste om in de eerste maanden op zachte ondergronden zoals gras te blijven."

Lori Lutz
Bowery Run Labradors

Het allereerste waar iemand die een Labrador Retriever neemt rekening mee moet houden, is de bewegingsbehoefte van het ras. Een volwassen Labrador zou minstens één uur beweging per dag moeten hebben, waarbij sommige Labs uit werklijnen 1,5 tot 2 uur nodig hebben. Dit kan worden verdeeld over twee of drie wandelingen, en het grootste deel hiervan zou idealiter zonder lijn moeten zijn, zodat je Labrador zijn overtollige energie kwijt kan en zijn natuurlijke omgeving kan verkennen. Dit maakt het trainen van het terugroepen tot je eerste prioriteit bij een Lab, zoals besproken in Hoofdstuk 6.

Het is vooral belangrijk dat Labradors voldoende beweging krijgen, omdat hun trage stofwisseling en gulzige eetlust betekent dat ze erg vatbaar zijn voor obesitas, wat grote druk legt op hun gewrichten en vitale organen, wat hun welzijn en levensverwachting beïnvloedt.

Foto met dank aan
Tim Choldas

Het aanbevolen uur beweging geldt alleen voor een volwassen Labrador, en wanneer je hond zijn seniorenjaren bereikt, zal hij het rustiger aan moeten doen. Natuurlijk zal hij het nog steeds waarderen om er een uur op uit te gaan, maar het tempo moet zachter zijn, en je zult merken dat meerdere kortere wandelingen hem beter bevallen. Leven met een oudere hond wordt uitgebreid besproken in Hoofdstuk 16.

Het is ook belangrijk dat je Labrador-pup niet meteen een uur lang intensief gaat bewegen, omdat zijn botten en groeischijven nog in ontwikkeling zijn. Overmatige belasting van de zich ontwikkelende groeischijven kan resulteren in een misvormde of verkorte ledemaat, wat permanente kreupelheid of problemen op latere leeftijd kan veroorzaken. De groeischijven van een Labrador zijn meestal pas volledig ontwikkeld rond 14 maanden.

Dus tot je pup de puberteit bereikt, moet hij alleen korte, gecontroleerde wandelingen maken. Aan een deel van zijn mentale en fysieke bewegingsbehoefte kan waarschijnlijk worden voldaan in je achtertuin met dingen zoals een snoepbal, over stokken lopen, geursporen volgen en puzzelspeeltjes, evenals dagelijkse gehoorzaamheidstraining. Opgroeiende puppy's moeten geen spelletjes met hoge intensiteit spelen zoals apporteren, of op en af meubels springen.

Belang van socialisatie

"Ze kunnen meteen worden blootgesteld aan andere honden waarvan je weet dat ze up-to-date zijn met hun vaccinaties. Zodra je pup volledig is gevaccineerd, socialiseer dan zo veel mogelijk met vriendelijke, geschikte honden. Ik raad echter geen hondenparken aan, omdat verwondingen bij je hond vaak voorkomen door andere honden die zich slecht gedragen."

Tiffany Ginkel
Cedar Ranch Labrador Retrievers

Labradors zijn extraverte, sociale honden, zowel met mensen als met soortgenoten. Dus voor hun eigen mentale welzijn hebben ze voldoende gelegenheid nodig om vrienden te maken en de opvoeding voort te zetten die hun moeder vanaf de dag dat ze geboren werden is begonnen.

Hoewel de meeste Labradors van nature evenwichtige honden zijn, kunnen er problemen ontstaan als een Lab niet vanaf jonge leeftijd mag socialiseren met andere honden en mensen. Dus zodra je puppy zijn eerste vaccinaties heeft gehad, is het een goed idee om een lokale puppycursus te vinden. Je kunt puppycursussen in jouw omgeving online vinden, anders heeft je dierenarts zeker contactgegevens. Ze organiseren misschien zelfs een puppycursus in de dierenartsenpraktijk. Puppycursussen zijn een geweldige springplank naar gehoorzaamheidstrainingen, maar in de begindagen is het voor je hond al voldoende educatief om andere honden te ontmoeten en zijn eigen taal te leren spreken. Puppy's gaan op een unieke manier met elkaar om, en als je puppy alleen maar volwassen honden ontmoet, zal hij dit deel van zijn ontwikkeling missen.

Tips voor het omgaan met ontmoetingen met andere honden en het socialiseren van je hond met kinderen worden gegeven in Hoofdstuk 5.

Trainbaarheid

"Labs zijn vrij gemakkelijk te trainen omdat ze je willen plezieren. Wees consequent in hoe je ze vraagt iets te doen. Training in een klassikale setting wordt aanbevolen in plaats van de hond naar een trainer te sturen, aangezien de training evenzeer voor de eigenaar als voor de hond is. Eigenaren moeten leren goed te communiceren met hun hond en consequent en duidelijk te zijn."

Neil en Jodi Martin
Carriage Hill Labradors

De Labrador Retriever is een van de meest trainbare rassen ter wereld, wat verklaart waarom de Lab de eerste keuze is voor assistentie- en zoek- en reddingsrollen. Dat betekent niet dat een Labrador-puppy volledig getraind en klaar voor gebruik ter wereld komt. Het betekent alleen dat je als eigenaar van een Labrador de meest intelligente en gewillige hond hebt die je maar kunt wensen, met enorm veel potentieel dat erop wacht om benut te worden.

Je Labrador is echter slim! Als je wilt dat hij goed is, moet je met hem werken, anders zal hij zijn actieve geest gebruiken om kattenkwaad uit te halen. Onthoud dat hij gefokt is als werkhond, en zelfs als je geen plannen hebt om hem te laten werken, moet hij nog steeds gestimuleerd worden en mentaal en fysiek actief worden gehouden om op zijn best te zijn. Hij reageert ook goed op positieve, stevige en consequente training om te weten wie de baas is, terwijl hij tegelijkertijd je beste vriend is.

De training moet beginnen zodra je puppy thuiskomt, want op deze leeftijd is zijn brein een spons, en het werk dat je vanaf het begin erin steekt, zal zijn gehoorzaamheid voor het leven vormen. Het zorgt er ook voor dat hij, naarmate hij groeit, geen overlast veroorzaakt vanwege zijn toenemende grootte, kracht en energie. Een goed getrainde hond is ook minder gevaarlijk voor zichzelf.

Trainingslessen zijn een uitstekend idee, zelfs als je al eerder honden hebt getraind. Maar met een hond zo slim als een Labrador, kun je misschien doorgroeien naar geavanceerde training en activiteiten, die de talenten van je hond echt naar boven zullen halen en veel plezier voor jullie beiden zullen opleveren!

Foto met dank aan
Rebecca Cawvey

Verlatingsangst

De eigenschappen die je in je Labrador waardeert, zoals zijn intelligentie en genegenheid, kunnen er ook toe leiden dat hij verlatingsangst ontwikkelt op de momenten dat je hem alleen thuis moet laten. Dus om ervoor te zorgen dat je hond zich op zijn gemak voelt als hij alleen is, moet hij met vertrouwen weten dat wanneer je hem verlaat, je ook weer terugkomt.

Hoe eerder je je hond kunt leren hoe hij alleen gelaten kan worden, hoe beter, aangezien verlatingsangst een ingesleten gedrag kan worden en later in het leven moeilijker te overwinnen is.

Als je een puppy hebt en hem benchtraining geeft, moet hij leren zijn bench te zien als zijn veilige plek en niet als een gevangenis. Het voordeel van het alleen laten van je puppy in zijn bench is dat puppy's destructief kunnen zijn, en je er in ieder geval zeker van kunt zijn dat hij het huis niet vernielt terwijl je er niet bent. Hij kan zich ook minder angstig voelen in een kleinere ruimte en zich gemakkelijker settelen. Je kunt wat veilig speelgoed achterlaten om hem bezig te houden, zoals een hertengewei om op te kauwen, en een Kong® gevuld met een veilige vulling, zoals nat hondenvoer of pindakaas (maar zorg ervoor dat je keuze van pindakaas geen xylitol bevat, wat giftig is voor honden).

Wanneer je je hond voor het eerst alleen laat, hoef je niet eens het huis te verlaten. Stap gewoon de kamer uit zonder ophef te maken en sluit de deur. Dit kan voor zo weinig als een minuut zijn. Je wilt niet naar je hond terugkeren op het moment dat hij jankt, want dat zal hem vertellen dat janken je terugbrengt, dus probeer een moment te anticiperen voordat hij begint te reageren. Dan kun je terugkeren naar je hond en hem zachtjes prijzen, maar maak ook hier geen grote ophef van. Een overreactie vertelt je hond dat weggaan en terugkomen een grote zaak zijn, dus je wilt kalm blijven en doen alsof er niets opwindends of ongewoons gebeurt.

Als je het juiste moment hebt gemist en je hond is begonnen te janken, zul je moeten wachten op een pauze in zijn vocalisaties, zodat hij beseft dat hij krijgt wat hij wil als hij stil is, en niet wanneer hij geluid maakt.

Houd deze oefening regelmatig vol en verleng geleidelijk de tijd dat je je hond alleen laat. Zodra je op het punt bent gekomen dat je het huis voor langere tijd verlaat, kun je altijd controleren of je hond zich settelt door een hondencamera te installeren die op je telefoon kan worden bekeken. Op die manier weet je of je te snel vooruitgaat, of dat je hond eigenlijk best ontspannen is in zijn eigen gezelschap.

Als verlatingsangst een probleem blijft, reageren sommige honden goed op farmacologische producten die zijn ontworpen om hun stress te verminderen. Deze omvatten DAP-producten, wat staat voor Dog Appeasing Pheromone (hondkalmerend feromoon), en bootst de kalmerende geur na die door de moeder van de hond wordt afgegeven tijdens de dagen na de geboorte. DAP-producten zijn verkrijgbaar als kamerverdampers, sprays of een halsband. Andere producten die je zou kunnen proberen zijn supplementen of voeding die caseïne of L-tryptofaan bevatten. Caseïne is een ontspanningsmiddel in de moedermelk, en L-tryptofaan verhoogt het gelukshormoon, serotonine, in de hersenen.

Als je problemen blijft ondervinden met verlatingsangst, is het de moeite waard om een gedragstherapeut te raadplegen, aangezien hun ervaring een succesvolle aanpak kan identificeren om je hond op een rustiger pad te zetten.

Kauwen

"Labrador retrievers verlichten hun angst door te kauwen, dus zorg voor bullysticks, wortels, appelschijfjes en geweien om aan hun kauwbehoefte te voldoen."

Lori Lutz
Bowery Run Labradors

Kauwen kan vanuit het oogpunt van de eigenaar slecht gedrag lijken. Je kostbare spullen worden immers vernield! Maar het is in feite natuurlijk gedrag voor elke hond, en vooral voor een Labrador, want als werkhond die is ontworpen om wild te apporteren, heeft je hond een natuurlijk instinct om dingen in zijn bek te dragen.

Kauwen is ook een positieve zaak voor een puppy wiens tanden doorkomen, omdat het het ongemak verlicht. Ook gebruikt een puppy de sensaties in zijn bek om zijn nieuwe wereld te verkennen. Jouw taak is ervoor te zorgen dat de dingen waarop je puppy kauwt veilig voor hem zijn, aangezien hij zonder onderscheid zal kauwen. De meeste dierenartsen zullen op een bepaald moment te maken hebben gehad met een puppy die de batterijen uit iets heeft gekauwd dat rondslingerde, zoals de afstandsbediening van de tv, of iets onverteerbaar heeft ingeslikt. Kinderspeelgoed zal ook een geliefd doelwit zijn voor je puppy. Hoe moet hij weten welk speelgoed van hem is

Foto met dank aan
Amy Seto

en welk van de kinderen in het gezin? Maar kinderspeelgoed kan gevaarlijk zijn voor je hond, met plastic onderdelen die kunnen breken, verwondingen kunnen veroorzaken of kunnen worden ingeslikt. Je moet gevaren buiten het bereik van je puppy houden, evenals alles wat je niet wilt beschadigen. Benchtraining van je hond zal hem helpen zich te concentreren op zijn toegestane objecten. Je kunt ook een puppyren voor je hond gebruiken, of een box voor je kind en hun speelgoed.

"Ze zijn zeer mondgericht - omdat ze retrievers zijn, is dit ingebakken. Niet iets wat je gemakkelijk kunt elimineren. Zorg ervoor dat je voorwerpen hebt die 'van hen' zijn en die ze kunnen hebben en dragen/in de bek nemen. Als ze iets pakken wat je niet wilt dat ze hebben, bied dan een ruil aan voor een voorwerp dat ze wel mogen hebben en prijs ze dan als ze het aanbod aannemen."

Neil en Jodi Martin
Carriage Hill Labradors

Aanvaardbare kluiven voor je hond om op te knagen zijn een hertengewei of Kong®, zoals eerder vermeld. Hij kan ook genieten van een tandkluif of een rauwe mergpijp. Gekookte botten mogen nooit worden gegeven omdat ze kunnen splinteren. Dierenwinkels verkopen ook gesteriliseerde botten gevuld met een smakelijk zacht merg, waar je hond veilig op kan kauwen, zelfs nadat hij alle vulling heeft opgelikt. Gedroogd orgaanvlees van hoge kwaliteit kan een smakelijke traktatie zijn, maar rawhide wordt niet aanbevolen omdat het chemisch verwerkt is en een verstikkingsgevaar vormt.

Prijs je hond voor gepast kauwen, en als hij op iets kauwt dat je had moeten opbergen, zeg dan gewoon vastberaden "Nee", en neem het weg, geef hem dan iets wat wel mag.

Hyperactiviteit

De Labrador Retriever is gefokt om zeer actief te zijn; daarom moet iedereen die dit ras neemt, bereid zijn zich volledig in te zetten voor de dagelijkse bewegingsbehoeften van zijn hond. De meest waarschijnlijke oorzaak van een hyperactieve hond is een hond die niet genoeg mogelijkheden heeft gehad om overtollige energie kwijt te raken of zijn actieve brein te gebruiken. Fysiek en mentaal moet je Labrador worden ingezet als je niet wilt dat hij zijn ongebruikte energie omzet in frustratie en hyperactief wordt.

Naast beweging zal dagelijkse gehoorzaamheidstraining je Labrador helpen zich te concentreren en zijn hersenen te gebruiken, zodat hij zich mentaal meer voldaan voelt. Dit is vooral nuttig voor puppy's die geen zware lichamelijke inspanning kunnen doen totdat hun groeischijven zijn vastgezet.

De bloedlijnen van je Labrador kunnen een factor zijn in zijn hyperactiviteit. Labradors uit sterke werklijnen zullen bijvoorbeeld het leven intenser beleven en meer energie te verbruiken hebben. De gele Labrador wordt ook beschouwd als een rustigere hond dan de zwarte Lab. Dit komt weer doordat de gele Lab een populairdere gezinshond is en bijgevolg gefokt is voor een rustiger karakter.

In zeldzamere gevallen kan er een fysieke oorzaak zijn voor de hyperactiviteit van een hond. Soms is dit een darmonbalans, die kan worden gecorrigeerd met probiotica. Andere honden kunnen baat hebben bij de toevoeging van essentiële vetzuren in hun dieet, uit hoogwaardige visoliën. Of hyperactiviteit kan te wijten zijn aan een tekort aan tryptofaan, dat in kip en kalkoen kan worden gevonden. Als je hond voldoende lichamelijke en mentale beweging krijgt, maar je toch een dieetgerelateerde oorzaak voor zijn hyperactiviteit vermoedt, is het verstandig om je dierenarts te raadplegen voor een volledig lichamelijk onderzoek en advies. ***

Hoewel je Labrador in het begin kleine uitdagingen kan hebben, wordt hij met voldoende beweging, training en een gezonde levensstijl meestal een goedgemanierde en vriendelijke hond – dat zit immers in zijn genen.

HOOFDSTUK 4
Hoe kies je een Labrador Retriever

"Ik vind het goed dat mensen onderzoek doen naar het ras. Je hoort steeds dat ze geweldige gezinshonden zijn (en dat zijn ze ook), maar het zijn retrievers. Dat betekent dat ze graag dingen in hun bek nemen en erg geneigd zijn om voorwerpen in te slikken! Ze kauwen ook behoorlijk veel, en de puppyfase duurt over het algemeen een volle 2-3 jaar."

Lauren McNeely
Bayard Acres Labrador Retrievers

Kopen of adopteren?

Zodra je alle voor- en nadelen van het hebben van een Labrador Retriever hebt overwogen en besloten hebt dat je klaar bent voor deze verantwoordelijkheid, is de volgende stap om na te denken of je een puppy bij een fokker wilt kopen of een ongewenste hond uit een asiel wilt adopteren.

Misschien heb je al een duidelijk idee welke richting je op wilt gaan, en er is geen goede of foute keuze. Je beslissing hangt sterk af van wat je uit het hondenbezit wilt halen. Voor sommigen kan het zijn dat hun kinderen opgroeien met het gezelschap van een hond, of voor anderen kan het zijn om hun hond te showen of ermee te werken, in welk geval een puppy het beste bij hun behoeften past. Terwijl het voor anderen kan gaan om de voldoening van het rehabiliteren van een ongewenste hond en het geven van een liefdevol thuis. Niemand hoeft je te dwingen een bepaalde aanpak te kiezen – wat je ook kiest, een Labrador Retriever wordt hoe dan ook een geliefd gezinslid dat jou net zoveel vreugde brengt als jij hem. Als je ambities hebt om je hond op hoog niveau te showen, zul je een puppy moeten kopen bij een geregistreerde fokker. Dit komt omdat showhonden stamboompapers nodig hebben. Asielhonden komen zelden met papers. Dit komt meestal door de omstandigheden waaronder ze in het asiel terechtkwamen, maar kan ook zijn omdat ze uit een informele of onbekende fokachtergrond komen. Soms komt een rashond in het asiel terecht, bijvoorbeeld na het overlijden van de eigenaar of een relatiebreuk. Meestal worden de stamboom-papieren echter niet meegegeven, zodat de hond een nieuwe start krijgt en niet voor winst of uitbuiting in de fok wordt gebruikt. Dit is ook waarom de meeste asielen hun honden laten castreren of steriliseren, maar als je een hond wilt showen bij de Raad van Beheer, moet hij of zij ongecastreerd zijn. In Nederland is het mogelijk om met een gecastreerde hond te showen met een speciale vrijstellingsverklaring. Als je alleen wilt deelnemen aan loka-le funshows, hoef je meestal geen stamboomcertificaat te overleggen, en maakt het ook niet uit of je hond gecastreerd is of niet.

De Labrador Retriever is een werkhond, dus je bent misschien meer geneigd om deel te nemen aan activiteitenwedstrijden dan aan shows. In deze gevallen heb je voor sommige activiteiten zoals veldwedstrijden en jachthondenwedstrijden een geregistreerde stamboom en inschrijving in het rasregister voor je hond nodig, maar andere activiteiten zoals werkhon-denproeven, behendigheid en gehoorzaamheid staan open voor alle hon-den, zolang ze geregistreerd zijn in het activiteitenregister.

Hoewel de meeste mensen die in een discipline willen wedijveren liever een pup kopen, kunnen asielhonden ook uitblinken – verschillende Labra-dor Retrievers in de 'Hall of Fame' in hoofdstuk 2 kwamen zelfs uit een asiel. Als je een werkhond kiest, kijk je waarschijnlijk naar specifieke werkbloedlij-nen, dus het kan het beste zijn om een puppy te kopen van bewezen werk-voorouders, en hem op te leiden voor het werk dat hij moet doen. Soms kunnen honden uit werkbloedlijnen echter worden afgestaan omdat hun energieniveau te veel is voor een gezinswoning. Vaak hebben deze honden vroege training gemist, maar voor een ervaren werkhondeneigenaar kan een asiel een Labrador Retriever een nieuwe start bieden die beter past bij zijn temperament en vaardigheden.

Veel mensen kiezen voor adoptie vanwege het gevoel van voldoening dat komt met het geven van een thuis aan een ongewenste hond en het her-stellen van zijn vertrouwen in de mensheid. En er is geen twijfel dat asielen vol zitten met honden die op zoek zijn naar hun forever home, ook al zijn rashonden zoals de Labrador minder vertegenwoordigd. Er zullen echter veel Labrador-kruisingen in asielen zijn, en sommige asielen herplaatsen alleen specifieke rassen, dus het is de moeite waard om online te zoeken naar Labrador-asielen in jouw omgeving als je hoopt je nieuwe vriend in een asiel te vinden. Adoptie kan een ideale oplossing zijn voor oudere mensen, aangezien het zich verbinden voor de volledige 12-jarige levensduur van een puppy misschien te ver in een onbekende toekomst kijkt. Het adopte-ren van een oudere hond die misschien rustiger is dan een puppy kan dus de perfecte oplossing zijn, en de hond zal één-op-één gezelschap hebben tijdens zijn gouden jaren.

Onderzoek naar de instelling

"Neem de tijd en doe je onderzoek bij het kiezen van een fokker die fokt op de eigenschappen waar jij naar op zoek bent, of dat nu jachtlijnen zijn, exterieur, of gewoon een geweldige gezinshond."

Lauren McNeely
Bayard Acres Labrador Retrievers

Foto met dank aan
Samantha Tillery

Foto met dank aan Shauna Braun

Heb je besloten een Labra-dor-puppy te nemen? Dan is het belangrijk om eerst een betrouw-bare fokker te vinden, zeker van-wege de gezondheidsproblemen waarvoor het ras gevoelig is. De eerste stap in je zoektocht zou de website van de Raad van Beheer moeten zijn. Klik simpelweg op "Zoek een Puppy" en voer dan je geografische gebied in, en je vindt alle geregistreerde fokkers met beschikbare nesten.

Als je echter al kennis hebt van Labrador-bloedlijnen, en je misschien een hond wilt kopen die van dezelfde afkomst is als an-deren die je kent en bewondert, dan kun je rechtstreeks contact opnemen met de fokker. Maar je moet mis-schien op een wachtlijst voor een puppy, vooral van de meer gewilde bloed-lijnen. Dit is een positief teken, omdat het aantoont dat de fokker zijn hon-den niet overmatig fokt.

Wanneer je een fokker voor het eerst belt of e-mailt, zijn er een paar dingen waar je op moet letten en vragen die je moet stellen, voordat je een afspraak maakt om de puppy's te bezoeken. Onthoud, een goede fokker zal een stortvloed aan vragen niet erg vinden, en zal je grondigheid eigenlijk verwelkomen, omdat het aantoont dat je een verantwoordelijke benade-ring van hondenbezit hebt. Goede fokkers zijn trots op hun professionaliteit en zullen maar al te graag hun hoge normen voor raswelzijn bespreken. Ze moeten ook overkomen als uitzonderlijk deskundig over Labradors.

Zorg dat je naar het volgende vraagt:

1. Kan ik de puppy met zijn moeder zien? (Alle betrouwbare fokkers zullen hiermee instemmen.)

2. Kan ik de stamboom van de moeder zien?

3. Hoe oud is de moeder?

4. Hoeveel nesten heeft de moeder gehad?

5. Hoe is haar temperament?

6. Is ze gescreend op erfelijke aandoeningen en kan ik de certificaten zien?

7. Wie is de vader?

8. Kan ik zijn stamboom zien?

9. Hoe is zijn temperament?

10. Mag ik contact opnemen met de eigenaar van de vader (als hij van een andere eigenaar is)?

11. Kan ik alle puppy's in het nest hanteren?

12. Is de puppy geregistreerd bij de Raad van Beheer (indien rashond)?

13. Hoe oud is de puppy?

14. Is de puppy volledig gespeend?

15. Is de puppy gezond?

16. Is de puppy begonnen met zijn vaccinaties? Kan ik zijn vaccinatieboekje zien?

17. Is de puppy ontwormd?

18. Is de puppy gechipt?

19. Wat eet de puppy?

20. Welke socialisatie heeft de puppy gehad?

21. Mag ik zien waar de honden worden gehouden, waar ze slapen, en waar de puppy's zijn geboren?

22. Mag ik de gegevens van uw dierenarts hebben?

23. Kan ik de puppy terugbrengen als hij gezondheidsproblemen heeft, of als het niet werkt?

24. Kan ik meerdere keren op bezoek komen voordat ik mijn puppy mee naar huis neem? (Een goede fokker zal dit aanmoedigen.)

Goede fokkers hebben ook net zoveel belang bij het ervoor zorgen dat hun puppy's naar goede huizen gaan als jij hebt bij het kopen van een puppy van topkwaliteit. Dus, wees niet verbaasd als jou ook vragen worden gesteld!

Informeer naar de ouders

" Zorg ervoor dat de fokker het ouderpaar heeft laten onderzoeken op heup- en elleboogdysplasie via de officiële HD- en ED-röntgenonderzoeken van de Raad van Beheer, en dat er op de leeftijd van twee jaar een hartonderzoek is uitgevoerd door een erkende veterinaire cardioloog. De fokker zou ook genetische tests moeten laten uitvoeren, bij voorkeur via erkende laboratoria zoals Embark, MyDogDNA of een universitair veterinair centrum voor erfelijke aandoeningen zoals HNPK (schilferende neus), PRA, PRA-rcd (oogaandoeningen), EIC (inspanningsgeïnduceerde collaps), CNM (centronucleaire myopathie) zenuwstelselaandoening die ervoor zorgt dat het achterste gedeelte uitvalt. Certificaten worden uitgegeven door de instanties om te bewijzen dat de genetische tests zijn gedaan en aan de fokker zijn verstrekt."

Lori Lutz
Bowery Run Labradors

Je moet de fokker vragen naar de gezondheidstests die hij uitvoert op zijn fokdieren, aangezien Labradors vatbaar kunnen zijn voor zoveel erfelijke aandoeningen. De minimale gezondheidstests voor Labradors vereist door de Raad van Beheer) zijn:

- Heupscores

- Elleboogscores

- Een oogonderzoek

- Een DNA-test voor Inspanningsgebonden instorting

- Een DNA-test voor het verdunde vachtgen (genoemd in Hoofdstuk 2)

- Andere optionele tests zijn onder meer een hartonderzoek en DNA-tests voor Centronucleaire Myopathie en prcd-PRA.

Je zou de fokker idealiter moeten vragen om kopieën van deze gezondheidstests te e-mailen of op te sturen voordat je naar de puppy's gaat kijken.

Heupscores variëren van 0 tot 106 (53 op elke heup). Het wordt uitgedrukt als twee getallen, en hoe lager de score, hoe beter. Fokkers zouden alleen moeten fokken met ouders die onder het rasgemiddelde scoren, en voor een Labrador is dit 12, of 6:6. Naast een laag getal moet je ook kijken naar gelijke getallen aan beide zijden.

Foto met dank aan
Megan Seliger

Elleboogscores worden beoordeeld van 0-3. Nul is een perfecte elleboog, dus beide ouders zouden idealiter 0 moeten scoren.

De fokker zou je ook een kopie van de stambomen van de ouders moeten sturen, en je zou moeten zoeken naar zo weinig mogelijk inteelt. Dit is omdat genetische variatie beschermt tegen erfelijke ziekten.

Andere dingen om van tevoren te controleren hebben betrekking op het algemene welzijn van de honden. Je zou moeten vragen waar de honden wonen. Dit kan in kennels zijn of in huis. Als ze in huis leven, zullen de puppy's goed aangepast zijn aan de thuisomgeving wanneer je je puppy mee naar huis neemt. Als ze in een kennel leven, wat vaker voorkomt bij werkhonden, zouden de puppy's nog steeds elke dag wat tijd in huis moeten doorbrengen. Je moet de leefomgeving van de honden inspecteren wanneer je op bezoek gaat.

Een goede fokker zou de grootste zorg moeten hebben voor de gezondheid van zijn fokteefjes. Dus, je moet controleren dat de moeder niet meer dan één nest in een periode van 12 maanden heeft gehad, en dat ze niet meer dan drie nesten in haar leven heeft gehad. Ze zou tussen de leeftijd van twee tot acht jaar moeten zijn op het moment van werpen.

Vraag de fokker naar zijn nazorg en ondersteuning. Een goede fokker zal altijd bereikbaar blijven in geval van problemen of om advies te geven. Sommigen bieden zelfs vakantie-opvang aan. De meeste gerenommeerde fokkers zullen een puppy altijd terugnemen als het niet werkt, of als je niet meer voor hem kunt zorgen. Dit is echter geen excuus om lichtvaardig een puppy te nemen, en de fokker zal op zoek zijn naar de mate van je toewijding voordat hij een van zijn kostbare pups aan jouw zorg toevertrouwt.

Een woord van waarschuwing: als je besluit om de lijst van Raad van Beheer Erkende Fokkers te omzeilen en een Labrador-puppy te kopen van een particuliere verkoper, moet je je scherp bewust zijn van de valkuilen.

Iedereen heeft gehoord van de term "puppyfabriek" of "broodfokker" en is ervan overtuigd dat ze er een van mijlenver zouden herkennen. Veel niet-geregistreerde fokkers zullen echter hun puppy's in een schone voorkamer laten zien die een wereld verwijderd is van de smerige en overvolle schuren achter het huis waar hun honden eigenlijk worden gehouden. En als je überhaupt stambomen of certificaten te zien krijgt, horen ze misschien niet eens bij de ouders. Het kopen van een goedkope Labrador-puppy zal je waarschijnlijk in de toekomst duur komen te staan wanneer je hond bezwijkt aan zijn slechte genetische erfenis. En het bestendigt dierenleed, dus er is niets belangrijker voor dierenwelzijn, en je eigen portemonnee op de lange termijn, dan het ondersteunen van verantwoord fokken.

Naar de puppy kijken

De drie belangrijkste kwaliteiten die je in je puppy moet overwegen, moeten worden geërfd van de ouders, en dat zijn temperament, gezondheid en vermogen. Je hebt misschien niet de kans om de vader van de puppy's te ontmoeten, maar je zult zijn documenten hebben gezien om jezelf tevreden te stellen wat betreft zijn gezondheid en vermogen. Je moet echter altijd de moeder zien, zodat je ook haar temperament kunt beoordelen. Dit is de beste leidraad, want wanneer je je puppy voor het eerst ontmoet op 5-8 weken, zal het niet gemakkelijk zijn om te zien hoe hij zal uitpakken. Je kunt echter opmerken dat sommige puppy's assertief zijn, en anderen misschien rustiger. De rasstandaard stelt dat een Labrador Retriever extravert moet zijn en nooit verlegen. Maar bij twijfel is het een goede vuistregel om te zoeken naar de hond die halverwege de twee uitersten lijkt te zitten als je niet wilt omgaan met dominantie of angst.

Je hebt misschien al een idee of je de voorkeur geeft aan een mannelijke of vrouwelijke Labrador Retriever. Gelukkig is er bij dit gemakkelijke ras weinig verschil in temperament, ongeacht welke je kiest, vooral als je van plan bent om je hond te laten castreren of steriliseren. Een vrouwelijke Labrador wordt twee keer per jaar loops, wat rommelig en ongemakkelijk kan zijn. Tenzij je van plan bent om zelf met haar te fokken – wat wordt afgeraden, tenzij je erkend fokker bent via de Raad van Beheer – kun je haar het best na de eerste loopsheid laten steriliseren. Dit zal haar ook beschermen tegen een dodelijke baarmoederinfectie genaamd pyometra die niet-gesteriliseerde teefjes kan treffen.

Het is ook een goed idee om je mannelijke Labrador te laten castreren als je niet van plan bent om met hem te fokken, omdat hij dan minder geneigd zal zijn om rond te zwerven, en potentieel zachter van aard. Bovendien zal hij geen onbedoelde vader worden!

Als je geen ervaring hebt met puppy's, is het een goed idee om een deskundige vriend mee te nemen om het nest te bekijken. Dit zal ervoor zorgen dat je hart niet je hoofd regeert, en dat je op zoek bent naar alle kenmerken van een gezonde puppy. Als je bij een geregistreerde fokker koopt, mag je ervan uitgaan dat alle puppy's aan deze standaard voldoen.

Je moet kijken hoe de fokker de puppy's oppakt, en ze moeten accepteren dat ze worden gehanteerd. De fokker moet je dan de puppy's laten oppakken om hun fysieke gezondheid te controleren. Je moet ervoor zorgen dat de ogen, oren en achterwerk van een puppy schoon zijn en vrij van afscheiding. Zijn vacht moet zijdeachtig zijn zonder korstjes, en zijn buikje moet mollig maar niet hard zijn. Controleer of er geen bult op zijn buikje zit die een navelbreuk kan zijn, en als je naar een jongen kijkt, controleer dan of hij twee ingedaalde testikels heeft, hoewel deze misschien pas zichtbaar zijn als je hem ophaalt na 8 weken, en soms zelfs later dan dat.

Wanneer je je puppy ophaalt, moet hij komen met een uitgebreid puppypakket, met daarin je koopcontract, het registratiecertificaat en de stamboom van je hond, inentingsboekje, ontwormingsboekje, en advies voor voortzetting van zorg, socialisatie, beweging en training. Je ontvangt ook een contractuele garantie, waarin eventuele voorwaarden staan die van toepassing kunnen zijn als je een puppy moet teruggeven.

Foto met dank aan
Donna Launonen

Zo snel mogelijk na het ophalen van je puppy moet je hem naar je dierenarts brengen voor een volledig lichamelijk onderzoek. Dit zorgt ervoor dat je niets hebt gemist dat de gezondheid van je hond kan beïnvloeden, en het zorgt ervoor dat hij bij je dierenarts wordt geregistreerd voor de voortzetting van zijn vaccinaties en voortdurende gezondheidszorg. Je moet proberen om niet te veel gehecht te raken aan je puppy totdat de dierenarts hem heeft goedgekeurd, aangezien hij potentieel de komende twaalf jaar of langer bij je zal zijn, dus het moet de juiste beslissing zijn.

Overwegingen bij een asielhond

Als je hebt besloten om je Labrador Retriever te adopteren in plaats van te kopen, moet je eerst een asiel identificeren dat Labradors heeft. De meeste asielen hebben een website waar je de honden kunt bekijken die beschikbaar zijn voor adoptie, en ze komen met een korte beoordeling van hun achtergrond, temperament, en het soort huis waarvoor ze geschikt zouden zijn. Naast gemengde-ras asielen, kun je in jouw omgeving een asiel vinden dat gespecialiseerd is in Labradors en Retrievers. Het voordeel van een gespecialiseerde asielorganisatie is hun ruime ervaring met het ras, waardoor ze de honden en hun behoeften goed kunnen inschatten. Zo krijg je een betrouwbare indicatie van wat je verwacht, en kan het asiel een betere match maken. Wanneer je een hond, of een shortlist van honden, hebt geïdentificeerd waarin je geïnteresseerd bent, zal de asielorganisatie je vragen om een aanvraagformulier in te vullen. Hierin wordt waarschijnlijk gevraagd naar je persoonlijke omstandigheden, ervaring, en enkele details van je huis. De meeste gerenommeerde asielen zullen dan een huiscontroleur toewijzen om je huis te bezoeken, ongeacht of je een beginnende of ervaren hondeneigenaar bent. Dit is een deel van hun zorgplicht voor de honden waarvoor ze verantwoordelijkheid hebben

Foto met dank aan Tom Morgan

Foto met dank aan Amy Seto

genomen, en het is deels om je identiteit en huisadres te controleren, en deels om er zeker van te zijn dat je leefruimte voldoende en veilig is voor de hond. Als de huiscontroleur iets opmerkt dat aandacht vereist, zoals een te laag hek, een gat of gevaarlijke materialen in de tuin, zal het asiel je vragen dit te repareren voordat je de hond mee naar huis mag nemen. Wanneer je je hond ophaalt, wordt je gevraagd om een adoptievergoeding te betalen. Dit kan bijna net zoveel zijn als de prijs van het kopen van een puppy, maar het dient verschillende belangrijke doelen. Ten eerste is de vergoeding een maatstaf voor je toewijding aan de hond, en zorgt er ook voor dat niemand naar een asiel gaat om een gratis hond op te halen voor gevechten, fokken of doorverkopen. Ten tweede is je asielhond tegen een financiële prijs gekomen voor de organisatie, aangezien een gerenommeerd asiel zal hebben betaald voor diergeneeskundige zorg, chippen, vaccinaties, parasietenbehandeling, castratie/sterilisatie, voeding, kennel en transport.

Een goede asielorganisatie biedt doorlopende ondersteuning voor jou en je hond gedurende zijn hele leven. Als onderdeel van de adoptieovereenkomst ben je bovendien verplicht de hond terug te brengen naar het asiel voor herplaatsing als je omstandigheden ooit veranderen, in plaats van zelf een nieuw thuis te zoeken. Dit komt omdat een asiel zich inzet voor het welzijn van de hond voor het leven, om ervoor te zorgen dat hij nooit meer in de steek wordt gelaten, en dezelfde zorgvuldige controles zullen worden uitgevoerd op het volgende huis van de hond als op het jouwe.

Een asielhond kan gezondheidsproblemen hebben door slechte fokkerij of eerdere verwaarlozing. Hij kan ook psychologische littekens hebben en is misschien niet goed getraind vanaf jonge leeftijd. Dus, bij het adopteren van een asielhond, zul je waarschijnlijk extra werk moeten doen om het leven van je viervoeter om te draaien. Trainingslessen kunnen expertise en morele ondersteuning bieden, en je dierenarts is ook een waardevolle bron van advies. Het asiel is er ook om je te helpen, en ze kunnen je in contact brengen met een gedragsdeskundige als je die nodig hebt. Je moet je nooit te trots voelen om hulp te vragen, want iedereen wil dat het partnerschap werkt.

Gelukkig zijn Labradors van nature vriendelijk en trainbaar, en de meeste mensen komen geen aanhoudende problemen tegen met het ras. Dus heb je de beste kans om vele gelukkige en voldane jaren met je asiel-Labrador door te brengen. En hij zal nooit terughoudend zijn om je te laten weten hoezeer hij het waardeert!

HOOFDSTUK 5
Voorbereidingen voor een Nieuwe Hond

"Labrador pups zijn werk en vereisen in het begin behoorlijk wat tijd, dus zorg ervoor dat je agenda vrij is voor de eerste maand dat je ze in huis haalt. Probeer vakanties/reizen en bezoek te beperken zodat je goed kunt binden met je pup. Acht tot twaalf weken is een cruciale bindings- periode."

Neil en Jodi Martin
Carriage Hill Labradors

Je Huis Voorbereiden

"Kruip rond op de vloer en zoek naar alles wat gekauwd kan worden. Kabels zijn favoriet bij pups en kunnen elektrocutie veroorzaken. Zorg voor veel speeltjes om af te leiden en maak een veilige zone voor de pup waar hij kan verblijven wanneer je hem niet in de gaten kunt houden."

Jennifer Robinson
Chestnut's Labs2Love

Of je nu een pup koopt of een Labrador adopteert uit een asiel, er zullen enkele weken zijn voordat je je hond thuisbrengt. Dit is de tijd om ervoor te zorgen dat je huis klaar is om je nieuwe aanwinst te verwelkomen.

Zelfs als je al een hond hebt en denkt dat je tuin veilig is, moet je nadenken over de hond die je in huis gaat halen, aangezien hij mogelijk heel andere ontsnappingsmethoden heeft. Of je nu een pup of een volwassen hond in huis haalt, je tuin is nog niet zijn territorium en hij kent de grenzen niet. Hij heeft ook nog geen band met jou als zijn baasje en verzorger, dus hij heeft geen reden om bij je te blijven. Daarom moeten alle gaten in je omheining worden gedicht, anders gaat je hond er bij de eerste gelegenheid vandoor, vooral een Labrador. Als je een pup in huis haalt, moet je extra letten op ontsnappingsroutes onder je hekken door, en als je een volwassen Labrador adopteert, moet je ervoor zorgen dat je hekken hoog genoeg zijn zodat hij er niet overheen springt. Twee meter is de aanbevolen hoogte.

Labradors hebben van nature de neiging om rond te zwerven, vooral niet-gecastreerde reuen. Laat je hond pas zonder toezicht in de tuin als hij goed is getraind om binnen zijn territorium te blijven en de omheining volledig is beveiligd. Bedenk ook dat een Labrador een rashond is en een doelwit voor hondendiefstal. Zorg ervoor dat je achterhek altijd op slot zit. Als je hek geen slot heeft, zorg dan dat je er een aanschaft voordat je je hond thuisbrengt.

Als je een tuinier bent of kinderen hebt die in de tuin spelen, moet je accepteren dat je tuin vanaf nu ook de toilet- en speelruimte van je hond zal zijn, en dat hij mogelijk gaten graaft en planten eet, ongeacht of deze giftig zijn of niet. Als je tuin groot genoeg is, overweeg dan om deze misschien op te delen, zodat je nog steeds je tuingedeelte kunt hebben en de kinderen veilig kunnen spelen, uit de buurt van eventuele hondenpoep die je gemist

hebt. In het gedeelte van je hond zou je een zandbak kunnen maken waar hij zijn graafbehoefte kan uitleven zonder schade aan te richten.

Je zult de uitwerpselen van je hond dagelijks willen opruimen, dus denk na over waar je deze zult weggooien en houd een poepschep bij de hand voor deze taak.

Als je chemische methoden gebruikt voor ongediertebestrijding, zoals slakkenkorrels, mierenvallen of rattengif, of chemische meststoffen, mogen deze niet meer worden gebruikt in de delen van je tuin waar je hond toegang toe heeft. Je kunt overwegen om meer natuurlijke methoden van ongediertebestrijding en biologisch tuinieren toe te passen. Zorg er ook voor dat je Labrador geen toegang heeft tot uien, druivenranken, steenvruchten, broccoli, rabarber, onrijpe tomaten of het groene loof van aardappelplanten als je groenten en fruit verbouwt.

Als je gevaarlijke zaken in je tuin hebt, zoals glasplaten, afval of paddenstoelen, moeten deze worden verwijderd voordat je hond arriveert. Als je adopteert, zijn deze waarschijnlijk al aan het licht gekomen tijdens de huiscontrole. Maar als je je eerste pup koopt, kun je een ervaren hondenbezitter vragen om je tuin te controleren om te zien of je iets over het hoofd hebt gezien.

Binnenshuis moet je nadenken of je wilt dat je nieuwe hond vrij door het huis kan lopen, of dat je hem wilt beperken tot bepaalde ruimtes. Het is altijd beter om te beginnen met beperkingen en deze later te versoepelen, dan beperkingen op te leggen nadat je hond gewend is geraakt aan totale vrijheid. Ook is het bij de zindelijkheidstraining van je hond handig als hij voornamelijk in kamers met harde vloeren kan verblijven die gemakkelijk schoon te maken zijn. Als je van plan bent om je hond in een bench te trainen, moet je nadenken over waar je de bench wilt plaatsen. Dit wordt 's nachts de slaapplaats van je hond, dus het moet uit de tocht staan. Maar je hond zal ook graag gezelschap hebben als hij overdag zijn bench gebruikt, dus de keuken of een hoek van de woonkamer werkt meestal het beste. Je hond moet zijn bench zien als zijn veilige plek, dus de deur openlaten en hem laten kiezen om naar binnen te gaan, is de weg naar acceptatie. Je kunt de bench aantrekkelijk maken door er een zachte deken, speeltjes en veilige kauwartikelen in te leggen.

Inspecteer de kamers waar je hond mag komen en bedenk of je iets moet verwijderen wat je hond zal vernielen of wat gevaarlijk voor hem kan zijn. Denk aan breekbare spullen, apparaten met batterijen, schoenen, kinderspeelgoed, boeken, medicijnen, voedsel en alles wat je bijzonder waardeert. Vergeet niet dat je Labrador wil kauwen tijdens de tandwisseling, maar uit verveling wordt hij nóg destructiever. Hij kan zelfs de bank of de deurkozijnen vernielen als hij aan verlatingsangst lijdt. Je Lab vanaf het begin benchtrainen is een goed idee, en een veilige ruimte hebben kan hem minder angstig maken en meer geneigd om tot rust te komen.

Als je een pup neemt, zullen er in de eerste dagen zeker ongelukjes in huis gebeuren, en zelfs als je een volwassen Labrador adopteert, moet je misschien wat zindelijkheidstraining doen, vooral als hij alleen in een kennel heeft gewoond. Als je harde vloeren hebt, is schoonmaken snel en gemakkelijk, maar als je tapijten hebt, is het de moeite waard om te investeren in een tapijtreiniger en een enzymatische reiniger om snel ongelukjes aan te pakken. Je kunt zelfs overwegen om de tapijten de eerste paar maanden op te rollen. Labradors leren echter snel, dus je zou de zindelijkheidstraining snel onder de knie moeten hebben. In hoofdstuk 6 worden hiervoor enkele tips gegeven.

Het ophalen van je hond betekent waarschijnlijk zijn allereerste autorit, en hij kan last krijgen van wagenziekte op weg naar huis. Hij zal ook waarschijnlijk plassen of poepen. Leg dus een paar oude handdoeken in de auto en wat doekjes, evenals een kom en een fles water als de reis lang is. Hoofdstuk 7 gaat over reizen met je hond en helpt je beslissen waar in de auto je hem wilt laten reizen. Je hond moet altijd vastzitten in de auto, voor zijn eigen veiligheid en zodat hij geen ongeluk veroorzaakt. Dit is in sommige landen een wettelijke verplichting. Je moet dus vooruitdenken en een bench of tuig aanschaffen voor de eerste reis van je hond naar huis.

Een beetje vooruitdenken tijdens de spannende weken voorafgaand aan de thuiskomst van je nieuwe hond zal problemen voorkomen voordat ze zich voordoen, en ervoor zorgen dat hij meteen in je gezin en huis past!

Boodschappenlijst

"Mentale stimulatie is net zo belangrijk als lichaamsbeweging, dus zorg voor puzzelspeeltjes, snoepjesdispensers, verstop speeltjes voor je hond om te vinden, enzovoort."

Tiffany Ginkel
Cedar Ranch Labrador Retrievers

Als dit je eerste hond is, lijkt de lijst met benodigdheden misschien overweldigend. Maar hoewel bepaalde dingen absolute basisbehoeften zijn, zijn de meeste accessoires die je in de dierenwinkel ziet luxeartikelen die je later misschien wilt aanschaffen, maar die je niet vanaf het begin nodig hebt. Hier bespreken we je basisbenodigdheden.

Benches

Om te beginnen, of je nu van plan bent om je pup te benchtrainen of niet, een bench is nog steeds nuttig om allerlei redenen. Om te beginnen kan het je voorkeurmethode zijn om je hond in de auto te vervoeren. Het is ook handig om in huis te hebben als veilige plek voor je hond, zelfs als je hem er nooit in opsluit. Het kan je hond afzonderen als hij even tijd nodig heeft zonder de kinderen of andere honden. En als hij gewond raakt of ziek wordt, heeft hij misschien benchrust nodig voor korte tijd terwijl hij beter wordt.

Je kunt kiezen tussen metalen of stoffen benches, maar of je nu een pup of een asielhond in huis haalt, een metalen bench is de beste keuze omdat die beter bestand is tegen kauwen. Je kunt speciale hoezen voor metalen benches krijgen om je hond 's nachts te helpen settelen, of je kunt gewoon een handdoek of deken gebruiken. Als je je bench gaat gebruiken om je Labrador zindelijk te maken, is het belangrijk om er geen te kopen die te groot is, zelfs als hij erin zal groeien. Dit komt omdat een hond het instinct heeft om zijn bed niet te bevuilen, maar als zijn bench groot is, kan hij gewoon in de tegenovergestelde hoek plassen of poepen, in plaats van te wachten tot hij in de tuin wordt gelaten. Honden voelen zich ook liever vrij knus in hun

Foto met dank aan Christianna Legner

bench. Dit betekent dat je misschien moet beginnen met een middelgrote bench en een grote moet kopen als je hond groeit. Maar je kunt altijd twee-dehands kopen en je oude bench verkopen als je een maat groter gaat.

Bed

Je Labrador heeft ook een bed nodig. Zelfs als hij 's nachts in zijn bench gaat slapen, zal hij overdag misschien nog steeds een bed in een ander deel van het huis waarderen om te gebruiken als hij bij je wil zijn. Net als bij de bench zal je Labrador-pup na verloop van tijd uit zijn bed groeien, dus het heeft geen zin om in iets te duur te investeren, vooral omdat hij er waarschijnlijk op zal kauwen. Om deze reden zijn plastic bedden ideaal voor pups. Je kunt ze comfortabel maken met oude handdoeken of dekens. Gewatteerde stoffen bedden zien er misschien gezelliger uit, maar je hond zal zeker de vulling eruit trekken voor zijn eigen vermaak, dus hij kan la-ter overstappen naar een luxeuzer bed. Vulling is niet alleen rommeliger,

Foto met dank aan
Brittany Pescara
Black Swamp Labradors

maar ook gevaarlijk: Labradors eten alles, en dat kan leiden tot ernstige maag-darmverstoppingen.

Halsbanden, Tuigjes en Lijnen

De volgende dingen die je nodig hebt, zijn een halsband, tuigje en lijn. Halsbanden en tuigjes zijn meestal verstelbaar, dus zolang je ze klein genoeg kunt maken voor je hond, zullen ze nog steeds een hele tijd passen terwijl hij groeit. Het wordt aanbevolen dat je hond een halsband draagt, omdat deze zijn ID-plaatje draagt, dat je ook bij de hand moet hebben voordat hij in je huis arriveert. Dit komt omdat de eerste dagen de periode is waarin je Lab het meest geneigd is om weg te lopen of weg te rennen. Het ID-plaatje van je hond moet minimaal je huidige mobiele telefoonnummer bevatten. Je adres is optioneel, maar ID-plaatjes vermelden over het algemeen niet de naam van de hond. Is je hond nog niet gechipt? Laat de dierenarts dit bij de eerste afspraak doen. Een chip is een blijvende identificatie die niet afvalt of makkelijk te verwijderen is en vergroot de kans dat je hond wordt teruggevonden na diefstal of weglopen. Chippen wordt verder besproken in hoofdstuk 11.

Een tuigje wordt ook aanbevolen om twee redenen. Ten eerste kan een hond gemakkelijk uit zijn halsband glippen, maar zal hij minder snel uit een tuigje wurmen, en ten tweede verdeelt een tuigje de trekkracht van de lijn over de borst, in plaats van aan het kwetsbare nekgebied te trekken. Hoewel je Labrador zal leren om met een losse lijn te lopen, zal hij in het begin zeker trekken, en je moet voorkomen dat hij zijn nek bezeert. Om dezelfde reden moet je nooit een slipketting kopen of een trainingscursus volgen waar deze harde methode wordt gebruikt.

De enige lijn die je in dit stadium nodig hebt, is een korte, opklikbare lijn gemaakt van geweven stof of leer. Het is niet nodig om een flexi-lijn aan te schaffen, aangezien je je Labrador zult trainen om netjes aan een korte lijn te lopen, en je hem betrouwbaar terug zult leren komen zodat hij zonder lijn kan genieten. Flexi-lijnen hebben hun nut maar kunnen ook ongelukken veroorzaken. Je kunt overwegen om een lange lijn aan te schaffen voor het trainen van het terugroepen, maar dit is optioneel en wordt besproken in hoofdstuk 6.

Voerbakken

De enige andere essentiële dingen die je hond in dit stadium nodig heeft, zijn voer- en waterbakken. Deze hoeven niet uit de dierenwinkel te komen, maar ze moeten wel zwaar zijn om te voorkomen dat ze over de vloer worden geschoven. Je nieuwe hond komt misschien met wat van zijn

Foto met dank aan Kristin Daniello

gewone voer naar je toe, vooral als je een pup koopt. Zo niet, dan moet je vragen wat de hond momenteel eet en doorgaan met zijn gewone dieet terwijl hij went. Als je ervoor kiest om hem in de komende weken over te zetten op een ander dieet, moet dit geleidelijk gebeuren. Meer over voeding staat in hoofdstuk 8.

Je Nieuwe Labrador Retriever Voorstellen aan Andere Honden

"Bij het voorstellen van een nieuwe pup aan andere huisdieren, doe dit altijd in een neutrale zone van het huis, weg van voerbakken, favoriete speeltjes of favoriete slaapplekken. Houd de pup op je onderarm met zijn achterste naar buiten gericht zodat het andere dier kan snuffelen. Zorg ervoor dat het andere dier of de andere dieren aan de lijn worden gehouden door een andere persoon voor het geval wegtrekken nodig is. Als er meer dan één hond in huis is, stel dan slechts één tegelijk voor. Zet de pup in de bench ter bescherming en laat andere dieren zonder lijn rond de bench cirkelen om door de bench te snuffelen. Zet de pup niet op de vloer tenzij je er volledig van overtuigd bent dat de andere dieren niet zullen aanvallen uit jaloezie of angst."

Lori Lutz
Bowery Run Labradors

Als je al een hond hebt, kijk je er misschien naar uit om een nieuwe vriend voor hem in huis te halen. Meestal kunnen honden goed met elkaar overweg, maar het is niet altijd liefde op het eerste gezicht.

Dat komt doordat je hond je huis als zijn territorium ziet, en je gezin als exclusief van hem. Hij is misschien niet zo bereid om te delen met de nieuwkomer. Ook, als je huidige hond op leeftijd is en je een pup mee naar huis neemt, kunnen oudere honden vrij intolerant zijn tegenover pups, en pups kunnen respectloos zijn tegenover andere honden terwijl ze de regels nog leren. Dus zorgvuldige introducties zijn belangrijk om ervoor te zorgen dat de nieuwe relatie de beste start krijgt.

Als je een asielhond adopteert, heeft hij je huidige hond misschien al ontmoet tijdens een 'kennismakingssessie'. Asielen willen vaak een beeld krijgen van hoe hun hond met de jouwe zal omgaan, maar om het zo stressvrij mogelijk te houden, vindt een kennismaking meestal plaats op een neutrale locatie, weg van het territorium van je eigen huis. Dus zelfs als je honden het prima met elkaar konden vinden tijdens de kennismaking, moeten ze nu voor het eerst leren om hun leefruimte en hun mensen te delen.

De slechtste plek voor je nieuwe hond om voor het eerst oog in oog te staan met je huidige hond is op de drempel. Dit is een onmiddellijke confrontatie en zet je huidige hond in de verdediging, omdat een onbekende hond op het punt staat zijn territorium binnen te komen. Als je je nieuwe hond thuisbrengt, moet je hem naar de achtertuin brengen. Als je tuin alleen via het huis toegankelijk is, laat dan een vriend of familielid je huidige hond uitlaten wanneer je verwacht aan te komen. Laat je nieuwe hond kennismaken met de tuin, net lang genoeg om zijn nieuwe omgeving te verwerken, en laat dan je huidige hond rustig en zonder ophef naar buiten. Wees voorbereid op een reeks reacties die elkaar snel opvolgen, mogelijk van schok naar nieuwsgierigheid naar opwinding naar terechtwijzing naar achtervolgen en hopelijk naar spelen en acceptatie. Je moet op afstand blijven en de honden het zelf laten uitzoeken, maar wees voorbereid om alleen in te grijpen als je de waarschuwingssignalen van agressie opmerkt. In de meeste gevallen zal een eerste ontmoeting in de tuin vrij onopvallend zijn, aangezien de huidige hond niet weet dat de nieuwkomer komt om te blijven, hij is misschien gewoon op een speelafspraak. Dus hij voelt zich niet zo defensief als wanneer de eerste ontmoeting in huis had plaatsgevonden.

Als je geen veilige tuin hebt, of het weer slecht is, of er een andere reden is waarom de introductie niet buiten kan plaatsvinden, dan is er nog steeds een juiste manier om eerste introducties in het huis of appartement te beheren. In dit geval moet de huidige hond worden uitgelaten terwijl de nieuwe hond in huis wordt gebracht, en voldoende tijd krijgt om zijn omgeving te verwerken en tot rust te komen. Dan moet je huidige hond rustig terug in huis worden gebracht om de nieuwkomer al aanwezig en gesetteld te vinden. Ook hier kan de eerste ontmoeting gespannen zijn, en er kan zelfs wat geruzie zijn, maar je moet kalm blijven en niet overreageren terwijl de honden elkaar leren kennen. Als je kinderen hebt, is het een goed idee dat ze ergens anders zijn terwijl je honden elkaar voor het eerst ontmoeten, omdat je niet meer opwinding aan de ontmoeting wilt toevoegen dan nodig is.

Zodra de vaccinaties van je pup voltooid zijn, kan hij naar het park gaan en andere honden van alle leeftijden ontmoeten. Socialisatie mag geen negatieve ervaring worden. Pups zijn vaak druk en kunnen het geduld van vooral oudere honden op de proef stellen. Houd de ontmoetingen dus altijd kort en positief, met volledige toestemming van de andere hondeneigenaren. Vroege socialisatie moet aan de lijn zijn, zodat je je pup gemakkelijk kunt weghalen als de situatie dreigt te verslechteren.

Je moet altijd letten op de lichaamstaal van honden bij het begeleiden van ontmoetingen met andere honden. Het is natuurlijk voor twee honden om elkaar neus-aan-neus te benaderen, en dan om te draaien om aan het andere eind te snuffelen. Ze moeten ontspannen lijken, met een zachtjes kwispelende staart. Als het lichaam en de staart verstijven, of de staart begint te trillen, is de hond misschien klaar om te snappen, vooral als de lippen naar achteren worden getrokken. Dit is een onmiddellijk signaal voor jou om de ontmoeting te beëindigen voordat een positieve ervaring een negatieve wordt en het vertrouwen van je pup schaadt, of zelfs verwondingen veroorzaakt.

Je Nieuwe Labrador Retriever Voorstellen aan Kinderen

De Labrador Retriever is een geweldige gezinshond en zal in de meeste gevallen prima met kinderen overweg kunnen. De relatie tussen je hond en de kinderen begint echter eerst met het leren van je kinderen hoe ze zich rond honden moeten gedragen.

Als dit je eerste hond is en je kinderen vrij jong zijn zonder veel ervaring met honden, moet je de tijd voordat je je hond thuisbrengt gebruiken om je kinderen op bezoek te nemen bij vrienden met kindvriendelijke honden. Deze introducties moeten zeer zorgvuldig door jou worden gestuurd, zodat de honden niet onder stress worden gezet. Als je kinderen de regels van deze introducties niet kunnen respecteren, moet je misschien heroverwegen om in dit stadium een hond in huis te nemen.

Leg aan je kinderen uit dat ze heel voorzichtig moeten zijn bij het begroeten van een hond, en nooit op hem af moeten rennen of aan zijn oren of staart moeten trekken. Vertel ze om de hond vanaf de zijkant te benaderen, zachtjes tegen hem te praten om ervoor te zorgen dat ze hem niet verrassen. Vertel ze om de hond een gesloten vuist aan te bieden om aan te snuffelen, en toon je kinderen vervolgens de plekken op het lichaam van een hond waar hij graag geaaid wordt, op zijn nek en rug. Zorg ervoor dat je kinderen weten dat ze niet moeten proberen de hond te aaien terwijl hij eet of slaapt. Als je kinderen ouder zijn, kun je uitleggen over de lichaamstaal van een hond en hoe je de waarschuwingssignalen van agressie kunt herkennen, zoals uitgelegd in het vorige gedeelte. Ook moet je ernaar streven om je kinderen te betrekken bij de verzorging van je hond, het uitlaten, voeren en verzorgen van je hond, zodat je nieuwe hond leert je kinderen te respecteren als onderdeel van het team dat in zijn behoeften voorziet.

Als je Labrador Retriever van nature dominant is, bestaat er altijd een risico dat hij zal proberen in de hiërarchie van het huishouden te infiltreren door de tweede plaats in te nemen onder jou en je partner, maar boven de kinderen. Dit kan ertoe leiden dat hij naar de kinderen gromt of snauwt, of zelfs bijt, ondanks dat dit geen deel uitmaakt van het natuurlijke gedrag van een Labrador. Het betrekken van je kinderen bij de verzorging van de hond, en vooral bij zijn training, zal helpen om dit probleem aan te pakken. Als je hond geneigd is om dominant te zijn, zorg er dan voor dat hij beneden slaapt en nooit in de slaapkamers, vooral niet op het grote bed, want dit zal hem alleen maar vertellen dat hij de baas is en de huisregels kan bepalen.

Gelukkig is de Labrador van nature geen agressieve hond, en in veel opzichten maakt hij het gezin compleet. Voor een kind leert het opgroeien met een hond respect, vriendelijkheid, zachtheid en verantwoordelijkheid. Het moedigt ook lichaamsbeweging aan. En een Labrador in het gezin hebben kan de jeugd van een kind definiëren en een herinnering creëren waar je altijd met vreugde op terugkijkt.

HOOFDSTUK 6
Training

"Begin met trainen zodra je je pup mee naar huis neemt. Niets zal hun vooruitgang meer schaden dan ze tot hun zes maanden weg laten komen met slecht gedrag."

Kathy Jackson
Karemy Labs

Of je nu een puppy of een geredde Labrador Retriever in huis haalt, je zult je nieuwe huisgenoot moeten trainen. Een Labrador Retriever is van nature slim en trainbaar, dus in veel opzichten kan de vooruitgang met een puppy sneller gaan dan het hertrainen van een oudere hond met ingesleten gedrag. Als je al eerder honden hebt getraind, heb je waarschijnlijk je eigen beproefde methoden, maar als je nieuw bent in hondentraining of gewoon wat ondersteuning op prijs stelt, is het een goed idee om je aan te sluiten bij een trainingscursus. Houd je aan de methoden die in je trainingscursus worden gebruikt om je hond niet in verwarring te brengen. Maar als je je hond thuis traint, zijn er uitstekende online tutorials die laten zien hoe je alle basiscommando's kunt aanleren.

Hoewel er veel verschillende trainingsmethoden bestaan, is het belangrijk om te weten dat harde trainingsmethoden, bijvoorbeeld die gebruikmaken van slipkettingen of straf, in diskrediet zijn geraakt en bekend staan als ineffectief. Dit komt doordat ze een angstige hond creëren en zelfs lichamelijk letsel kunnen veroorzaken, om nog maar te zwijgen van de schade aan jullie relatie. Tegenwoordig worden trainingsmethoden die gebruik maken van positieve bekrachtiging het meest aanbevolen. Dit betekent dat je hond wordt beloond voor de juiste actie, waardoor hij leert wat je van hem verlangt. Positieve bekrachtiging maakt je hond leergierig en versterkt jullie band. De beloning die je aan je hond geeft, kan simpelweg lof zijn of zijn favoriete speeltje, maar meestal gaat het om een kleine voedselbeloning. Voor een hond zoals een Labrador is dit een enorme stimulans, wat misschien een van de redenen is waarom de Labrador een van de meest trainbare hondenrassen ter wereld is! Vergeet niet de normale portie voer van je hond aan te passen terwijl je voedselbeloningen gebruikt, aangezien Labradors gevoelig zijn voor gewichtstoename.

Trainingsbeloningen zijn in de handel verkrijgbaar, maar je kunt ook kleine stukjes worst of gedroogde levertjes gebruiken. Voor een Labrador zijn echter zelfs zijn normale brokken vaak al motivatie genoeg!

Clickertraining is ook een populaire trainingsmethode. Dit is hetzelfde als positieve bekrachtiging of beloningsgerichte training, maar naast de beloning gebruikt de eigenaar een clicker voor elke juiste actie. Dit is een extra signaal voor de hond dat hij de juiste actie heeft uitgevoerd, en voedselbeloningen kunnen geleidelijk worden verminderd ten gunste van alleen de clicker.

In dit hoofdstuk wordt een korte samenvatting gegeven van hoe je je hond kunt trainen.

Foto met dank aan Sue Joy

Zindelijkheidstraining

"Gebruik de benchtrainingsmethode. Als je niet thuis bent of niet op de puppy kunt letten, zet hem dan in een bench. Het klinkt misschien gemeen, maar Labradors gaan uiteindelijk van hun bench houden en zien het als een veilige plek. Laat ze ook nooit een ongelukje in huis hebben, anders gaan ze steeds naar dezelfde plek, ruiken het en doen daar weer hun behoefte. Wanneer je je puppy uit zijn bench haalt, of als hij klaar is met eten, neem hem dan meteen mee naar buiten naar dezelfde plek, elke keer weer."

Lauren McNeely
Bayard Acres Labrador Retrievers

Als je een Labrador puppy in huis hebt gehaald, is zindelijkheidstraining het eerste wat hij moet leren. Als je een Labrador hebt geadopteerd, is hij misschien al zindelijk, maar veel asielhonden zijn dat niet, ofwel omdat ze nooit goed zijn getraind, ofwel omdat ze altijd buiten hebben geleefd. Het trainen van een oudere hond kan meer werk zijn, maar je hebt twee dingen

in je voordeel: het is natuurlijk voor een hond om zijn slaapplaats schoon te houden, en je traint een Labrador, die van nature snel leert.

Het is vanwege het instinct van een hond om zijn slaapplaats schoon te houden dat veel mensen de voorkeur geven aan benchtraining. Als je hond een bench accepteert, wat de meeste puppy's zullen doen (hoewel sommige oudere honden dat misschien niet doen), dan zal hij instinctief vermijden om erin te poepen of plassen, zolang hij voldoende mogelijkheden krijgt om zich buiten te ontlasten.

Er zijn twee belangrijke aandachtspunten bij benchtraining. Ten eerste, als de bench te groot is, kan je hond aan de andere kant zijn behoefte doen. Ten tweede is het essentieel om hem niet te lang te laten wachten met plassen of poepen, vooral een puppy die nog geen spiercontrole heeft. Neem je hond daarom in het begin elk uur mee naar buiten. Hier leer je hem op commando zijn behoefte te doen.

Het aanleren van commandowoorden aan je hond staat bekend als associatief trainen, en je leert hem eigenlijk menselijke taal. Om dit te bereiken, moet je in de trainingsfase het commandowoord alleen gebruiken wanneer hij de juiste actie uitvoert, en niet ervoor. Dit is zodat hij het woord associeert met de actie door constante herhaling en beloning. Zodra het woord in zijn brein is verankerd als geassocieerd met de actie, kun je het gebruiken als commando om hem om de juiste actie te vragen. Dit proces kun je niet versnellen, want gebruik je het woord als commando voordat de hond de associatie heeft gemaakt, dan gaat hij het koppelen aan rondrennen en zijn eigen gang gaan, waardoor je werk teniet wordt gedaan. Een hond leren om op de juiste manier zijn behoefte te doen, vergt geduld. Voor sommige honden komt het natuurlijk en duurt het slechts een kwestie van dagen, terwijl anderen enkele weken nodig kunnen hebben om te begrijpen dat ze buiten moeten plassen en poepen. In het begin werk je met de natuurlijke instincten van je hond om zijn bed niet te bevuilen en zijn behoefte te doen wanneer hij gras onder zijn poten voelt. Ook zullen de meeste honden, vooral reuen, instinctief de geur van een ander dier bedekken met hun eigen urine, dus dat is nog een stimulans om buiten te plassen.

In de begindagen van zindelijkheidstraining neem je je hond simpelweg mee naar buiten voor zijn plasje, en wacht je geduldig, terwijl je je hond nauwlettend observeert op het eerste teken dat hij zijn behoefte gaat doen. Bij een puppy kan dit gewoon hurken zijn, aangezien mannelijke puppy's in dit stadium niet noodzakelijk hun poot optillen. Wanneer je er zeker van bent dat je hond begint te plassen of poepen, kun je je gekozen commandowoord gebruiken. Dit kan alles zijn waar je je prettig bij voelt, zolang je maar consequent bent en het niet lijkt op je andere commandowoorden. "Plasje" of "Doe eens" zijn populaire commandowoorden voor het doen van de behoefte. Wanneer je hond klaar is, moet je hem veel aandacht geven en een kleine beloning om hem te laten zien dat hij het goed heeft gedaan.

Als je niet met benchtraining werkt, moet je je hond in huis nauwlettend in de gaten houden, want als hij gewend raakt aan het plassen en poepen binnenshuis, verlies je het initiatief. Neem hem regelmatig mee naar buiten, en als je ziet dat hij zich voorbereidt om binnenshuis zijn behoefte te doen, neem hem dan snel mee naar buiten. Als je te laat bent, moet je je hond nooit bestraffen, omdat dit hem angstig maakt en hij door stress misschien meer gaat plassen of poepen. Maak het gebied gewoon grondig schoon met een enzymatische reiniger om de ammoniak af te breken, aangezien honden worden aangetrokken tot gebieden waar ze deze natuurlijke chemische stof ruiken, wat kan leiden tot herhaald markeren.

Het gebruik van puppypads of kranten binnenshuis wordt niet aanbevolen, omdat ze de hond toestemming geven om binnenshuis zijn behoefte te doen, en de hond leert dat een zachte textuur onder zijn poten OK is om zich te ontlasten. Dit kan leiden tot plassen en poepen op tapijten en meubels. Je hond moet leren dat alleen gras of aarde onder zijn poten hem toestemming geeft om zijn behoefte te doen.

Je Labrador zal zeker snel leren omdat hij slim is. Als je echter in een later stadium merkt dat hij terugvalt en weer binnenshuis zijn behoefte doet, moet je hem naar je dierenarts brengen voor een controle. Hij kan een ziekte of infectie hebben. Of soms kan hij onder psychologische stress staan, wat kan worden geholpen door je dierenarts of een gedragsdeskundige. Het is zeer zelden de schuld van je Labrador, want het enige wat hij echt wil, is jou plezieren.

Hoe je "Zit" aanleert

"Houd trainingssessies voor zit, af, apporteren altijd korter dan tien minuten voor puppy's en het is handig om de training net voor de maaltijd te doen, zodat ze de beloning meer waarderen."

Lori Lutz
Bowery Run Labradors

"Zit" is een belangrijk commando om je Labrador te leren, omdat het een situatie creëert waarin de hond gefocust en statisch is, klaar voor eventuele aanvullende commando's die kunnen volgen. Het is ook een belangrijk commando voor de eigen veiligheid van je hond. "Zit" is een gemakkelijk commando voor je hond om te leren, en door beloond te worden voor zijn prestatie, zal hij gretig zijn voor de volgende stappen in zijn opleiding!

Om je hond iets te leren, heb je zijn volledige aandacht nodig. Puppy's zitten vol energie, dus dit kan in het begin een uitdaging zijn; je Labrador zal echter waarschijnlijk zeer gefocust zijn als je een smakelijke beloning in je hand hebt, klaar voor hem om te verdienen. Als je een puppy traint, moet je op de grond knielen op zijn niveau.

Begin met het aanleren van "Kijk naar mij" aan je hond. Om de beloning te verdienen, hoeft je hond alleen maar langdurig oogcontact met jou te maken. Na verschillende herhalingen zou hij het idee moeten krijgen dat het tijd is voor de les.

Met de aandacht van je hond op jou gericht, breng je je hand met de beloning naar de neus van je hond. Beweeg nu met een vloeiende beweging de beloning over het achterhoofd van je hond. Hierdoor zullen de achterpoten van je hond instinctief zakken. Wanneer zijn achterwerk de grond raakt, is dit het moment waarop je het commandowoord "Zit" gebruikt en hem de beloning en wat aandacht geeft.

Foto met dank aan
Fernando Yoc

Als je hond niet instinctief gaat zitten bij deze actie, maar ronddraait of springt, moet je geduldig blijven. Je moet je hond niet dwingen in de zitpositie, maar je kunt zijn achterwerk voorzichtig begeleiden met je vrije hand. Wanneer hij het een paar keer goed heeft gedaan, zal hij het idee krijgen, en nog een paar herhalingen zullen het in zijn geheugen vastleggen.

Naarmate je training vordert, kun je je hond afwennen van het handsignaal door het kleiner te maken. In dit stadium heeft je hond de connectie gemaakt met het woord "Zit". Je bereikt het stadium waarin je het commando vóór de actie kunt geven, bijvoorbeeld om een zit te vragen. Je kunt hem dan belonen. Maar op den duur kun je hem ook afwennen van de beloning, zodat alleen lof zijn beloning is.

Je hoeft niet al deze stadia in één trainingssessie te bereiken. Voor de meeste honden is het zelfs onmogelijk om alle stadia in één trainingssessie te bereiken. Gemiddeld duurt het enkele weken om de basis te leren, en nog een paar maanden om deze te versterken. Houd de sessies kort voor je hond en eindig op een positieve noot. Bouw training in zijn dagelijkse routine zodat het al snel een tweede natuur wordt, en het zal voor geen van beiden een karwei zijn.

Hoe je "Blijf" aanleert

Blijf is een potentieel levensreddend commando om je hond te leren. Het vereist grote gehoorzaamheid van hem, omdat je hem vraagt zijn instinct te overwinnen, wat kan zijn om je te volgen, rond te rennen, of achter wat dan ook aan te gaan dat zijn aandacht heeft getrokken.

Samen met het Blijf-commando moet je ook een commando aanleren om je hond uit de Blijf te bevrijden. Een goed woord hiervoor is "Los". Je moet zowel het blijven als het loslaten controleren, zodat je hond zijn instructies van jou krijgt, en niet begint te denken dat hij het blijven kan beeindigen wanneer hij dat wil.

Stap 1: Om Blijf te leren, zet je eerst je hond in de Zit-positie, wat betekent dat hij stil, gefocust en klaar is om te leren.

Stap 2: Je kunt dan het woord "Blijf" gebruiken, terwijl hij blijft zitten, maar beloon hem nog niet, anders denkt hij dat zijn taak volbracht is.

Stap 3: Je laat hem dan los door hem weg te leiden van de Zit met een beloning in je hand.

Stap 4: Zodra hij opstaat, gebruik je het woord "Los".

Zodra je je hond hebt geleerd het woord met de actie te associëren, kun je je hond loslaten met alleen het woord "Los" en geen handactie, en hem dan de beloning en wat aandacht geven.

Wanneer je hond het concept van Blijf en Los onder de knie heeft, moet je hem in de Blijf zetten, dan een paar stappen lopen voordat je hem loslaat. Als hij probeert je te volgen, ga dan terug en zet hem weer in de Blijf. Als dit niet natuurlijk komt voor je hond, kun je een helper vragen om de halsband van je hond vast te houden terwijl jij wegloopt, en los te laten als jij hem vrijgeeft. Naarmate hij het patroon leert, kan je helper eerder loslaten, dan een stap terug doen, en uiteindelijk niet meer nodig zijn. Vergroot de afstand die je wegloopt en de tijd dat je je hond in de Blijf houdt naarmate je training vordert, en ga uiteindelijk uit het zicht van je hond terwijl hij in de Blijf blijft.

Hoe je "Af" aanleert

Om je Labrador Retriever te leren liggen, moet je hem eerst vragen om te Zitten. Kniel voor je hond en zorg ervoor dat je zijn volledige aandacht hebt. Laat hem zien dat je een beloning in je gesloten hand hebt door deze naar zijn neus te brengen, en dan onmiddellijk naar beneden naar de vloer tussen zijn poten. Je hond zal dan instinctief zijn voorpoten laten zakken, en zodra zijn ellebogen de grond raken, kun je hem belonen, maar gebruik het commandowoord nog niet.

De volgende fase is om zijn achterwerk ook te laten zakken, zodat hij ligt. Misschien heeft hij in fase één al zowel zijn voorpoten als zijn achterwerk laten zakken. Zo niet, dan gebruik je zodra zijn voorpoten naar beneden zijn je vrije hand als een limbo-stok over zijn rug en trek je de beloning naar je toe, zodat hij vooruit moet kruipen. Dit zorgt ervoor dat zijn achterwerk onder de limbo-stok zakt, en je zou een liggende positie moeten bereiken. Als het niet meteen lukt, wees dan gewoon geduldig en blijf de oefening herhalen. Je kunt elke stap van vooruitgang die je hond maakt belonen, maar gebruik het commando "Af" pas als je daadwerkelijk de juiste positie bereikt. Herhaal dan nog enkele keren om het commando in het brein van je Labrador vast te leggen.

Hoe je aan de lijn leren lopen

Je Labrador Retriever leren netjes aan een losse lijn te lopen is heel belangrijk, want hij wordt een sterke hond en je wilt niet de eigenaar zijn die door het park wordt meegesleurd door een koppige hond. Trekken aan de lijn is slecht voor je hond en kan letsel veroorzaken, en het kan ook letsel bij jou veroorzaken. Het ondermijnt ook je relatie met je hond, die jouw regels zou moeten respecteren. Dus ook al denkt je Labrador puppy dat de lijn iets is om in te bijten en mee te spelen, hoe eerder je begint met het trainen aan de lijn, hoe beter.

Als je een hond hebt geadopteerd die nooit is getraind om goed aan de lijn te lopen, zul je ingesleten gedrag moeten overwinnen, maar hetzelfde basisprincipe geldt, ongeacht de leeftijd van je Labrador. Je hond gaat leren dat als hij vooruit wil, dit alleen zal gebeuren met een losse lijn. Wanneer hij trekt, stop je. Dit kan in het begin erg saai lijken, en je komt misschien niet ver, maar het is echt de moeite waard om vol te houden.

Om je hond aan te moedigen zich op jou te concentreren in plaats van aan de lijn te trekken, moet je proberen opwindend en vol aanmoediging te zijn. Als je beloningen in je zak hebt, vinden de meeste Labradors dat erg spannend, dus kun je je hond steeds een voedselbeloning geven zolang hij netjes loopt. Voor deze oefening moet je een korte lijn gebruiken die aan een halsband is bevestigd, met je hond aan je linkerkant, en de lijn in je rechterhand. Dit laat je linkerhand vrij aan de kant van de hond om de beloningen te blijven geven.

Laat je hond niet aannemen in welke richting je gaat. Hij moet naar jou kijken voor de aanwijzingen. Blijf van richting veranderen en blijf interessant zijn. En net als eerder, houd je trainingssessies kort, zodat je kunt eindigen op een positieve noot voordat de concentratie van je hond verslapt.

Als je hond heeft geleerd om aan de lijn te lopen in een trainingscursusomgeving, en hij lijkt het goed te doen, wees dan niet ontmoedigd als je merkt dat hij moeilijk wordt zodra je hem buiten probeert uit te laten. Er zijn natuurlijk veel meer afleidingen buiten, dus dit is de volgende stap in zijn training. Wees gewoon geduldig en houd de oefeningen dagelijks vol, en je Labrador zal leren dat lopen aan de lijn betekent netjes naast je lopen.

Hoe je los leren lopen

De Labrador Retriever is gefokt als een werkhond, dus het is natuurlijk voor hem om vrij te willen rennen op het platteland, zijn omgeving te verkennen, zijn grenzeloze energie kwijt te raken en zijn drukke geest te oefenen. Dit zou hij de hele dag met plezier doen, maar je Labrador kan kilometers rennen, dus je moet hem voor zijn eigen veiligheid onmiddellijk kunnen terugroepen. Goed terugroepen is van vitaal belang voor een Labra-

dor, zodat hij kan genieten van alle vrijheid die komt met het zijn van een betrouwbare hond.

Alle vroege training die je met je hond deed voordat hij naar buiten ging, legt de basis voor terugroeptraining. Het bouwt jullie relatie op en leert hem dat jij zijn baas, verzorger en vriend bent. Het is dus in zijn belang om je te gehoorzamen, en als Labrador wil hij je echt plezieren.

Toen je Blijf en Los leerde, bereidde je je hond voor op het loslopen, door hem toestemming te geven om op jouw voorwaarden weg te gaan. Deze oefening is een goede manier om te beginnen in een veilig afgesloten gebied, door je hond voor langere periodes weg te sturen om te rennen en te verkennen, en hem dan terug te roepen met het "Kom"-commando.

Net als bij de vorige commando's, om de associatie te maken, moet je het woord pas gebruiken als je hond daadwerkelijk de actie uitvoert. In je veilige ruimte stuur je je hond weg. Zodra hij weer oogcontact maakt, pak je zijn aandacht met een beloning. Terwijl hij naar je toe komt, roep je enthousiast 'Kom' en geef je veel lof wanneer hij aan je zijde is. Als je geen volledig afgesloten veilige ruimte hebt, of als je hond langzamer reageert, kun je een lichtgewicht trainingslijn gebruiken. Dit zijn zeer lange lijnen die aan het tuig van een hond worden bevestigd en je in staat stellen om het bereik te controleren dat je hond mag hebben, en zijn terugkeer zachtjes aan te moedigen naast de beloning en lof. Je mag een trainingslijn alleen gebruiken aan een tuig, niet aan een halsband, voor het geval hij met hoge snelheid naar het einde ervan rent, wat nekletsel zou kunnen veroorzaken.

In het begin moet je je hond zeer regelmatig terugroepen, en laat hem niet te veel opgaan in zijn eigen agenda. Verander ook regelmatig van richting, zodat je hond gefocust moet blijven op jouw positie. Als je hond wegrent, probeer dan te vermijden om achter hem aan te rennen, tenzij hij in gevaar loopt, want dat is een spel voor hem. In plaats daarvan moet je in de tegenovergestelde richting draaien. Wanneer je hond merkt dat je van hem wegloopt, schrikt hem dit meestal genoeg op om terug te komen rennen naar je zijde.

Omdat de Labrador een werkhond is, leren sommige mensen terugroepen met een fluitje. Dit kan een gewoon hoorbaar fluitje zijn, of een hondenfluitje, wat een fluitje met hoge frequentie is dat alleen hoorbaar is voor de hond. Het fluitje heeft het voordeel dat het over een lange afstand hoorbaar is als je hond ver is weggerend. Aangezien werkhonden meestal een aanzienlijk bereik hebben, is het fluitje een nuttig accessoire, maar je moet wel onthouden dat je het altijd bij je moet hebben.

Behendigheid en Flyball

Je Labrador Retriever is zo atletisch en intelligent dat hij echt zou kunnen genieten van de mogelijkheid om zijn lichaam en geest te oefenen in leuke activiteiten zoals behendigheid en flyball. Deze sporten zijn zeer intensief en mogen nooit worden geprobeerd door puppy's, vanwege de impact op hun zachte botten en onderontwikkelde groeischijven. Maar nadat je Labrador één jaar oud is, kan hij beginnen met behendigheid met lage impact, en na 18 maanden overgaan naar de hogere sprongen.

In het eerste levensjaar bereidt alle gehoorzaamheidstraining je hond perfect voor op behendigheid en flyball. Zo leert hij zich op jou te concentreren, jouw commando's op te volgen en voldoening te halen uit jouw lof. Behendigheid wordt meestal geleerd met een zakje trainingsbeloningen, dus je Labrador zal zeer gemotiveerd en snel lerend zijn.

Flyball houdt in dat je je hond met hoge snelheid rond een circuit stuurt om een bal op te halen en dan terug te keren. Labradors houden ervan om te rennen en op te halen, dus je hond zal waarschijnlijk van flyball houden. Je eerdere terugroeptraining zal hem goed van pas komen voor flyball, want in tegenstelling tot behendigheid, rent hij het parcours alleen. Dit kan beter bij je passen als je eigen conditie je verhindert om naast je hond rond een behendigheidsparcours te rennen.

De meeste Labradors zullen behendigheid en flyball enorm leuk vinden, omdat de sporten appelleren aan hun natuurlijke instincten en vaardigheden. Sommige gevoeligere honden zullen de ervaring echter misschien niet leuk vinden, en het heeft geen waarde om stress te veroorzaken bij je hond. Ook als je hond orthopedische aandoeningen heeft zoals heup- of elleboogdysplasie, of als hij lijdt aan artritis, mag hij niet deelnemen aan impactsporten of zware lichamelijke inspanning. Als je twijfels hebt, moet je altijd je dierenarts raadplegen voordat je je aanmeldt voor behendigheids- of flyballtraining.

HOOFDSTUK 7
Reizen

"Labradors zijn geweldige reisgenoten. Ze zijn ontspannen en kunnen goed overweg met de meeste mensen en dieren. De meeste Labradors vinden het heerlijk om in de auto te rijden."

Jennifer Robinson
Chestnut's Labs2Love

H oewel de gedachte om je Labrador mee te nemen op vakantie, of naar een leuke plek zoals een wandeling in het bos, voor jou een spannend vooruitzicht kan zijn, is je Labrador het daar misschien niet altijd mee eens. Sommige honden reizen uitstekend, terwijl andere honden de situatie om verschillende redenen stressvol of onprettig vinden. Daarom helpt een goede voorbereiding om de reis soepel te laten verlopen en deze zo aangenaam mogelijk te maken voor je hond. In dit hoofdstuk bekijken we alle verschillende aspecten van reizen met je hond, of het nu dichtbij of ver weg is, met het vliegtuig of met de auto, en geven we je tips om je goed voor te bereiden op je reis.

Voorbereidingen voor de Reis

De voorbereiding op het reizen begint niet pas een paar uur of dagen voor de reis, maar zou al moeten beginnen als je hond nog een pup is. Je Labrador pup trainen om met zelfvertrouwen te reizen is essentieel voor een stressvrije reis. In de puppyfase is de belangrijkste reden waarom honden in de auto reizen vaak het bezoek aan de dierenarts voor hun puppyvaccinaties, wat reizen met een negatieve ervaring associeert. Daarom is het belangrijk om vanaf het begin moeite te doen om je pup de auto te laten associëren met positieve, leuke ervaringen.

Begin met het introduceren van je pup aan de auto. Dit kan zo simpel zijn als de deuren openen en hem in zijn eigen tempo laten verkennen. Wanneer je hebt besloten waar je Labrador waarschijnlijk zal reizen in de auto, plaats hem dan in dat gebied en geef hem een beloning. Je kunt er zelfs een gewoonte van maken om hem daar een maaltijd te geven, aangezien een van de favoriete bezigheden van een Labrador eten is! Hierdoor zal hij de auto beginnen te associëren met iets positiefs. Na een paar keer kun je beginnen met het starten van de motor, hem met jou in de auto opsluiten en dan een heel klein stukje rijden, voordat je opbouwt naar een langere reis.

Nu je je Labrador mentaal hebt voorbereid op de reis, moet je ook praktische voorbereidingen treffen. Als je een lange reis maakt waarbij je grenzen moet oversteken, zorg er dan voor dat je de regelgeving kent van de

Foto met dank aan
John & Linda Ledwith

provincie of het land waar je naartoe reist. Je hond heeft waarschijnlijk een dierenpaspoort nodig, dat door je dierenarts kan worden verstrekt. Als vereiste voor een dierenpaspoort moet je Labrador gechipt zijn, als hij dat nog niet is, en zijn vaccinaties moeten up-to-date zijn.

Dit is een goed moment om je dierenarts te bezoeken en te zorgen dat alles in orde is om te reizen. Sommige landen vereisen een rabiësvaccinatie, gevolgd door serologische antilichaamtiterbepalingen, om er zeker van te zijn dat je hond immuniteit tegen rabiës heeft ontwikkeld. Andere landen vereisen een lintwormbehandeling binnen 72 uur voor vertrek. En als je vliegt in plaats van rijdt, zal de luchtvaartmaatschappij waarschijnlijk een gezondheidscertificaat vereisen dat door je dierenarts is verstrekt. Daarom zal een controle bij je dierenarts je helpen om er zeker van te zijn dat alles in orde is, en kun je meteen vlooien- of ontwormingsmiddelen meenemen als die tijdens je afwezigheid verlopen, of chronische medicijnen indien nodig.

Zodra je er zeker van bent dat je Labrador klaar is om te reizen, is het belangrijk om ervoor te zorgen dat jij dat ook bent. Het is de moeite waard om lokale dierenartspraktijken in je verblijfomgeving op te zoeken en hun nummers in je telefoon te zetten, voor het geval je hond tijdens je afwezigheid dringend medische hulp nodig heeft. Neem ook contact op met het bedrijf waar de chip van je hond is geregistreerd, om er zeker van te zijn dat je gegevens up-to-date zijn. Op die manier kan hij altijd naar jou worden teruggeleid als hij kwijtraakt. Een oud mobiel nummer maakt de chip nutteloos. Als het je geruststelt, kan het ook een goed idee zijn om een tijdelijke tag aan de halsband van je hond te bevestigen met het adres waar je verblijft, hoewel dit niet zo noodzakelijk is als een tag met thuisgegevens en het juiste mobiele nummer.

Foto met dank aan
Danielle Belmonte

Reizen in een Auto

Als je Labrador autoritten stressvol vindt en overmatig kwijlt, moet je overwegen of hij misschien last heeft van wagenziekte. Dit kan worden voorkomen door hem op een lege maag te laten reizen (als de reis niet te ver is), of door je dierenarts om reistabletjes te vragen die je voor de reis kunt geven.

Voordat je op reis gaat, moet je beslissen hoe je hond in de auto gaat reizen. Een populaire en veilige manier voor hem om te reizen is met een hondenautogordeltuig. Dit is een tuigje dat in de gordelsluiting klikt wanneer je hond op de achterbank zit. Hierdoor wordt je hond beschermd bij een botsing. Sommige mensen vinden het echter problematisch om hun hond op de achterbank te laten rijden. Het geeft niet alleen haren op de stoelen, maar neemt ook de ruimte in waar een persoon zou kunnen zitten. Als netheid het probleem is, kun je een waterdichte hondenhoes voor de stoel aanschaffen, wat vooral handig is als je je hond mee hebt genomen voor een modderige wandeling of als hij heeft gezwommen (vooral omdat Labradors een sterke affiniteit hebben met modderig water!). Als je liever hebt dat je hond ergens anders in de auto reist, hebben de meeste kofferbakken bevestigingspunten waar je een tuigje aan kunt vastmaken.

Er zijn ook andere opties voor waar je Labrador in de auto kan reizen. De kofferbak is voor velen een voor de hand liggende keuze. Het is echter belangrijk dat wanneer je dit gebied voor je hond gebruikt, je een hondenrek tussen de achterbank en de kofferbak plaatst om te voorkomen dat je Labrador bij je voorin komt. Deze optie biedt ook niet veel bescherming voor je hond bij een ongeval, aangezien de kofferbak gevoelig is voor vervorming bij een aanrijding van achteren. Als je een grotere auto hebt, kun je overwegen een bench in de kofferbak te plaatsen. Deze moet groot genoeg zijn voor je Labrador om in te staan, zich om te draaien en comfortabel te liggen zonder de zijkanten te raken. Je kunt er een bed, handdoeken of dekens in leggen om het comfortabel te maken, en eenmaal eraan gewend, zal je hond het waarschijnlijk een positieve, geruststellende plek vinden om te zijn.

Wanneer je lange reizen maakt in een auto, is het erg belangrijk dat je hond comfortabel is. Dit betekent niet alleen dat hij iets comfortabels heeft om op te zitten, maar ook dat hij voldoende stops heeft om rond te rennen, zijn behoefte te doen en wat water te drinken. Als richtlijn zou dit minstens om de vier uur moeten zijn. Voedsel tijdens een reis is minder belangrijk, maar als je reis bijzonder lang is, moet je hem elke 12 uur een kleine maaltijd geven. Een andere comfortfactor waar je op moet letten is de tempera-

*Foto met dank aan
Alex Adams*

*Foto met dank aan
Jordan Hohl*

tuur, vooral als je auto niet voorzien is van airconditioning. Daarom is het een goed idee om te reizen in het koelste deel van de dag. Je mag je hond nooit in de auto achterlaten zonder airconditioning en met de ramen dicht, aangezien de temperaturen in enkele minuten tot gevaarlijke niveaus kunnen stijgen. Als je moet stoppen en hem in de auto moet achterlaten, probeer dan de tijd tot een minimum te beperken, zorg ervoor dat je auto in de schaduw staat en dat er voldoende luchtstroming is naar waar je hond zit.

Reizen per Vliegtuig

Reizen per vliegtuig moet niet lichtvaardig worden ondernomen, maar soms is het onvermijdelijk. Je verhuist bijvoorbeeld naar een ander land of een andere provincie en de afstand is te groot om te rijden. Als je met je Labrador gaat vliegen, komt daar veel bij kijken. Het kan handig zijn om een gespecialiseerde huisdierenvervoerdienst in te schakelen die alle regelingen voor je treft. Deze dienstverleners zijn zeer ervaren en kunnen je voorzien van een schat aan informatie om de stress weg te nemen.

Bij het reizen per vliegtuig mogen kleine honden en hulphonden in de cabine reizen. De meeste niet-werkende Labradors zullen echter vanwege hun grootte als vracht moeten reizen. Niet alle luchtvaartmaatschappijen zijn hetzelfde, en daarom zal het onderzoeken van de specifieke vereisten voor je vlucht ervoor zorgen dat het proces zo soepel mogelijk verloopt. Als je Labrador jonger is dan 12 weken, of als de voorspelde temperaturen bij vertrek, aankomst en tijdens overstappen bijzonder warm of koud zijn, kan je hond geweigerd worden voor vervoer.

Als je Labrador als vracht moet reizen, zal hij moeten reizen in een door de luchtvaartmaatschappij goedgekeurde bench. Elke luchtvaartmaatschappij heeft verschillende eisen voor de grootte en structuur van de bench, en het is jouw verantwoordelijkheid om ervoor te zorgen dat de bench van je hond geschikt is. De meeste luchtvaartmaatschappijen vereisen ook een gezondheids- of reisgeschiktheidscertificaat van je dierenarts, evenals een dierenpaspoort, en sommige bestemmingen vereisen ook specifieke vaccins of exportdocumenten. Daarom is het belangrijk om grondig onderzoek te doen voordat je reist om ervoor te zorgen dat je alles op orde hebt wat nodig is voor de reis.

Vakantieverblijf

Voordat je je accommodatie boekt, controleer of je Labrador daar ook mag verblijven. Niet alle vakantieverblijven zijn huisdiervriendelijk. Houd er rekening mee dat zelfs als je accommodatie huisdiervriendelijk is, niet alle gasten van dieren houden. Wees daarom beleefd tegenover iedereen die daar ook verblijft. Wanneer je aankomt, informeer naar de regels. Sommige plekken staan toe dat je je hond vrij rond het terrein uitlaat, terwijl anderen liever hebben dat je binnen je eigen gebied blijft. Ze hebben mogelijk ook voorkeuren waar je je hond zijn behoefte kunt laten doen. Zorg er altijd voor dat je de uitwerpselen van je hond opruimt.

Je vakantieverblijf zal nieuw zijn voor je hond, wat hij met enthousiasme kan omarmen of een beetje verontrustend kan vinden. Om onnodige angst te voorkomen, en verstoring zoals blaffen of het kauwen op meubels te voorkomen, mag hij nooit alleen worden gelaten. Als je Labrador benchtraining heeft gehad, kan hij troost vinden in het slapen op een plek die vertrouwd is.

Wanneer je je hotel verlaat, moet je proberen het achter te laten zoals je het hebt aangetroffen. De gastheren zouden geen extra schoonmaakdiensten moeten hoeven inschakelen om de accommodatie in de oorspronkelijke staat terug te brengen alleen omdat je hond er was.

Je Labrador Retriever Thuislaten

Soms moet je misschien weg en wil of moet je je hond achterlaten. Er zijn genoeg opties om dit te doen, en er is geen specifieke optie die de "beste" is. Elke optie zal voor bepaalde honden en gezinnen beter geschikt zijn dan voor andere. Ook zijn Labradors in het bijzonder zeer aanpasbaar, dus dat zou wat stress uit de situatie moeten halen.

De eerste optie is om je Labrador in een pension te boeken. Het voordeel van dit soort instellingen is dat ze goed zijn ingericht om voor honden te zorgen, en het personeel heeft veel ervaring in het omgaan met verschillende hondenkarakters, rassen en gezondheidsproblemen. Op deze manier kun je er zeker van zijn dat professionals voor je hond zorgen. Hondenpensions zijn meestal goed gevestigde bedrijven binnen de gemeenschap, en het zal gemakkelijk zijn om recensies over de plek te onderzoeken om te zien hoe eerdere klanten vonden dat ze voor hun honden zorgden. Je kunt ze ook vooraf bezoeken, om hun opzet te inspecteren en het personeel te leren kennen. Het nadeel van pensions is dat ze meestal een groot aantal honden tegelijk opnemen, en daarom kan je hond beperkte één-op-één aandacht krijgen. Honden verblijven meestal in ruime kennels met een binnen- of overdekt deel en een buitengedeelte. Eén of twee keer per dag mogen ze naar buiten om te bewegen en met andere honden te socialiseren. Dit kan uitstekend bij je hond passen, maar voor honden met een gevoeliger karakter kan het stressvol zijn.

Een andere optie is om een vriend of familielid te vragen om voor je hond te zorgen in hun eigen huis. Dit is een uitstekende optie als ze je hond al kennen, want dan is je hond bekend met hen, wat enige angst kan wegnemen tijdens je afwezigheid. Als je vriend of buur andere honden heeft, is het belangrijk om er zeker van te zijn dat de dynamiek werkt voordat je hond bij hen gaat logeren. Sommige honden zijn zeer territoriaal in hun eigen ruimte, en zelfs als ze beste vrienden zijn tijdens een wandeling, moet je niet aannemen dat dit ook in hun eigen huis het geval zal zijn. Zorg er dus voor dat je je hond van tevoren meeneemt naar het huis van je vriend of familielid om te peilen hoe het zal gaan. Onthoud dat je vriend of familielid dit waarschijnlijk als een gunst voor jou doet, dus probeer het voor hen zo gemakkelijk mogelijk te maken; sla voldoende hondenvoer in, chronische medicijnen (indien nodig) en alle huiselijke comfort voor je hond, zoals beddengoed en speelgoed.

Ten slotte is de laatste optie om een professionele huisdieroppas te laten komen en in je huis te laten verblijven. Dit is voor veel mensen een geweldige optie, omdat het betekent dat je hond in zijn eigen omgeving kan blijven, en je huis niet voor langere tijd leeg staat. Huisdieroppassers hebben meestal ervaring met het verzorgen van honden, en daarom kun je er zeker van zijn dat je hond voldoende aandacht krijgt en goed verzorgd wordt. Als je ervoor kiest om een huisdieroppas in te huren, zorg er dan voor dat je hond van tevoren verschillende mogelijkheden heeft gehad om hem of haar te leren kennen. Je kunt dit doen door ze uit te nodigen bij je thuis of voor een wandeling. Het nadeel van huisdieroppassers is dat ze meestal duurder zijn dan de andere opties.

***

Of je nu van plan bent om met je Labrador te reizen of hem thuis te laten, een vakantie moet ontspannend zijn. Door rekening te houden met alle aspecten die in dit hoofdstuk zijn besproken, zou je vooruit moeten kunnen plannen om ervoor te zorgen dat je reis zo stressvrij mogelijk is voor zowel jou als je hond.

HOOFDSTUK 8
Voeding

"Labrador Retrievers hebben over het algemeen een ijzersterke maag en doen het goed met verschillende soorten voeding. Ik gebruik premium brokken met een eiwitbron in de eerste vijf ingrediënten. Ik voeg wortelen, ei, appelschijfjes, blauwe bessen, watermeloen of zoete aardappel toe aan de brokken om de voedingswaarde te verhogen. Vermijd brokken met maïs; dit is een goedkope vulstof die gistvorming in de oren kan veroorzaken en huidallergieën kan opwekken. Andere granen zijn juist goed in brokken en zijn noodzakelijk om vergroting van het hart (DCM) door een tekort aan het aminozuur taurine te voorkomen."

Lori Lutz
Bowery Run Labradors

Het belang van voeding

Een uitgebalanceerd dieet, passend bij de levensfase van je Labrador, is een van de belangrijkste dingen die je je hond moet bieden. Gezondheid is sterk verbonden met voeding. Krijgt je Labrador niet alle essentiële voedingsstoffen, dan lijden zijn weerstand en algehele gezondheid daaronder.

Er zijn verschillende klassen voedingsstoffen waar je op moet letten: koolhydraten, eiwitten, vetten, vezels, vitaminen en mineralen. Veel mensen denken dat honden een vleesrijk, eiwitrijk dieet nodig hebben omdat hun voorouders vleeseters waren. Dat is een misverstand. Het spijsverteringsstelsel

Foto met dank aan Tim Choldas

van een gedomesticeerde hond verschilt tegenwoordig sterk van dat van een wolf, en daarom worden honden nu als omnivoren beschouwd. Dat betekent dat hoewel eiwitten essentieel zijn, honden ook andere niet-vleesgebaseerde ingrediënten in hun voeding nodig hebben om deze uitgebalanceerd te maken. Diëten met alleen vlees en geen granen zijn de laatste tijd populair geworden in de hondenwereld, maar ze kunnen eigenlijk meer kwaad dan goed doen en leiden tot gezondheidsproblemen zoals hart- en urinewegaandoeningen. Daarom zijn uitgebalanceerde diëten essentieel om je Labrador gezond te houden.

Een uitgebalanceerd dieet betekent iets anders voor een pup dan voor een volwassen Labrador, en daarom is het essentieel om voeding te geven die is afgestemd op de levensfase van je Labrador. De Raad van Beheer op Kynologisch Gebied in Nederland stelt richtlijnen op voor voedingsproducenten, zodat zij consequent voeding formuleren die perfect is voor puppy's, volwassen honden met weinig energie, actieve volwassen honden en senioren. Dit is een van de voordelen van het voeren van commerciële hondenvoeding. Alle commerciële voedingen zijn gereguleerd, en daarom kun je er zeker van zijn dat de maaltijd die je je hond geeft, hem alle voedingsstoffen zal bieden die hij nodig heeft.

Het vinden van hondenvoer dat geschikt is voor een Labrador is meestal niet moeilijk, aangezien Labradors een enorme eetlust hebben en bijna alles eten. Smakelijkheid is dus meestal geen factor waar je rekening mee hoeft te houden. Actieve werkende Labradors, oudere Labradors en Labradors met gewrichtsproblemen, zoals besproken in hoofdstuk 12, hebben echter allemaal extra voedingsstoffen in hun dieet nodig om hun gewrichten te beschermen. Deze omvatten omega-3, omega-6, glucosamine en chondroïtine, en worden later in dit hoofdstuk besproken.

Commerciële voeding

Commerciële voeding kan in verschillende vormen komen, zoals nat voer in blik, stoofachtig voer en droge brokken. Het beste type voor je hond is droogvoer, omdat het helpt de tanden schoon te houden. Wanneer je Labrador door de brokken bijt, zorgt dit voor een schurende werking die een deel van het tandsteen verwijdert dat zich op de tanden ophoopt. Dit helpt de kans op tandaandoeningen in de toekomst te verminderen.

Niet al het droogvoer is echter van goede kwaliteit. Sommige fabrikanten van goedkoper droogvoer gebruiken veel vulstoffen, waardoor je Labrador zich opgeblazen en vol kan voelen. Het kan ook de zindelijkheidstraining van je Labrador-puppy verstoren, omdat nadat hij zijn avondeten heeft gegeten, het voer zal opzwellen en hem het gevoel geeft dat hij midden in de nacht naar buiten moet. Een goede manier om de kwaliteit van het droogvoer te beoordelen, is door een kopje water toe te voegen aan een kopje droogvoer en dit een nacht te laten staan. Het zou licht moeten opzwellen, maar niet overmatig.

Wanneer je geconfronteerd wordt met alle keuzes aan commerciële voeding in de winkels, kun je je overweldigd voelen. De meeste dierenwinkels en dierenartsenpraktijken hebben medewerkers die zijn opgeleid in hondenvoeding en die je kunnen helpen bij het kiezen van geschikt voer voor je Labrador. Je moet onthouden dat er geen "perfecte" keuze is, en het belangrijkste is om voeding te vinden die bij je Lab past. Je kunt dit doen door eerst te bepalen in welke levensfase je Labrador zich bevindt (bijvoorbeeld puppy, jonge volwassene, volwassene, senior) en of hij nog aanvullende behoeften heeft (bijvoorbeeld gezondheidsproblemen, zeer energiek, werkhond). Zodra je je keuze hebt beperkt, kies je enkele producten op basis van hun ingrediënten, die verderop in dit hoofdstuk worden besproken, en bekijk je de klantbeoordelingen. Zo krijg je vaak een goed idee of andere honden het voer lekker vinden en er goed op reageren.

Etiketten van diervoeding

"Ik raad graanvrije diëten niet aan, aangezien er nieuwe informatie is die deze diëten in verband brengt met een hoge incidentie van hart-aandoeningen. Bovendien hebben sommige Labradors een probleem met koperopslag, waardoor brokken met een laag kopergehalte worden aanbevolen."

Tiffany Ginkel
Cedar Ranch Labrador Retrievers

Etiketten van diervoeding kunnen je veel vertellen over de inhoud van het voer. Als je echter niet weet waar je op moet letten, of hoe je een etiket van het ene type voer moet vergelijken met een ander type voer (bijvoorbeeld etiketten van droge brokken met etiketten van blikvoer), kunnen ze ontmoedigend en vrij nutteloos lijken.

Het eerste deel van een diervoedingsetiket waar je naar moet kijken, zijn de ingrediënten. De ingrediëntenlijst is samengesteld op volgorde van gewicht. Daarom is het bovenste ingrediënt datgene waar het product het meest van bevat. Idealiter zou het belangrijkste ingrediënt een dierlijk eiwit moeten zijn, zoals kip of rundvlees. Ook meer obscure eiwitten worden ge-

Foto met dank aan
Brittany Pescara
Black Swamp Labradors

bruikt, en deze hebben veel voordelen voor verschillende aandoeningen. Zo zijn kalkoen, eend of hert uitstekend voor honden met allergieën, vis is uitstekend voor de gezondheid van huid en gewrichten, en lam is geweldig voor kieskeurige honden die iets nodig hebben dat zeer smakelijk is. 'Meal', zoals kippenmeel, is gedehydrateerd eiwitvlees. Het oorspronkelijke gewicht ligt minstens 300% hoger dan wat er op de ingrediëntenlijst staat, en daarom is het prima als dit soort eiwitten wat lager in de lijst voorkomen. Je zou nooit hondenvoer moeten kopen waarbij het vleesgehalte wordt aangeduid als "dierlijk eiwit", aangezien dit betekent dat het van lagere kwaliteit is, en het type eiwit zal variëren van partij tot partij, afhankelijk van wat beschikbaar is als afsnijdsels.

Granen en zetmeelrijke ingrediënten maken waarschijnlijk het grootste deel uit van de rest van het dieet. Voorbeelden zijn rijst, maïs, haver, aardappel en zoete aardappel. Sommige voedingsmiddelen beroemen zich erop graanvrij te zijn, wat honden met een gevoelige spijsvertering of huidallergieën helpt. Deze diëten bevatten echter vaak weinig taurine, een essentieel aminozuur, waarvan een tekort hartproblemen zoals gedilateerde cardiomyopathie kan veroorzaken. Als je dus kiest voor een graanvrij dieet, onderzoek dan of er extra taurine is toegevoegd. Als je kiest voor een dieet met granen, zijn volkorenprodukten zoals bruine rijst, haver en gerst gezonder en bevatten ze meer vezels dan witte rijst en maïs.

Groenten en mogelijk fruit, zoals pompoen, erwten, wortelen, blauwe bessen, cranberry's, bietenpulp, tomatenpulp en alfalfa, zijn populaire ingrediënten die het grootste deel van de rest van het recept uitmaken. Deze leveren essentiële mineralen, vitaminen en vezels, die de eiwitten en koolhydraten alleen mogelijk niet hebben geleverd. Op hetzelfde punt in de ingrediëntenlijst als de groenten kunnen extra oliën worden vermeld, die helpen om een geschikt gezond vetgehalte te leveren, inclusief omega-3 en omega-6. Populaire oliën zijn zonnebloemolie, visolie, hennepolie en zaadolie (zoals lijnzaad).

Onderaan de ingrediëntenlijst kunnen verschillende ingrediënten staan die relatief chemisch klinken. Deze ingrediënten zijn simpelweg mineralen en vitaminen om het dieet in balans te brengen, evenals aanvullende supplementen die het voedingsbedrijf erin kan besluiten te stoppen, zoals pre- en probiotica, glucosamine en chondroïtine.

Sommige diervoedingsfabrikanten kunnen kleurstoffen aan hun product toevoegen. Er is geen voordeel voor de hond bij het toevoegen van kunstmatige kleur, en in feite kunnen sommige onnodige additieven gezondheidsproblemen veroorzaken en moeten daarom worden vermeden.

Nadat je de ingrediëntenlijst hebt bekeken en hebt besloten dat je tevreden bent dat de ingrediënten betrouwbaar lijken en een verscheidenheid aan vlees, oliën, koolhydraten en groenten bevatten, moet je vervolgens kijken naar de gegarandeerde analyse. Deze geeft details over het percentage koolhydraten, eiwitten, vet, vezels, as en vocht in het dieet. Deze details zijn per gram kant-en-klaar voedsel, en kunnen daarom niet direct worden vergeleken zonder eerst enkele berekeningen te maken.

Als bijvoorbeeld een natvoer voor 75% nat is, betekent dit dat het droge gehalte 25% is. Als het eiwitgehalte dan 5% is, kan dit worden omgerekend door te delen door het percentage droge stof: 5/0,25 = 20% eiwit op basis van droge stof. Als een vergelijkbaar droogvoer, dat je wilt vergelijken, een vochtgehalte van 10% en een droog gehalte van 90% heeft, met een eiwitgehalte van 20%, zou de berekening als volgt zijn: 20/0,9 = 22,2% eiwit op basis van droge stof.

Zodra je je gegarandeerde analyse hebt omgezet in cijfers die kunnen worden vergeleken, moet je een voeding kiezen die rijk is aan eiwitten. Idealiter zou dit meer dan 25% moeten zijn op basis van droge stof, maar hoe hoger hoe beter. Het vetgehalte moet tussen de 8 en 12% liggen op basis van droge stof, of lager als je Labrador moet afvallen. Maak je je zorgen over zijn hongergevoel, dan helpt een vezelgehalte boven de 3% hem langer vol te laten voelen.

BARF en zelfgemaakte diëten

Als je onderzoek hebt gedaan naar diëten voor honden, of je hebt je Labrador gekocht bij een bijzonder traditionele fokker, is het waarschijnlijk dat je het concept van BARF of zelfgemaakte diëten bent tegengekomen. BARF is een acroniem dat wordt gebruikt om "Bones and Raw Food" (botten en rauw voedsel) of "Biologically Appropriate Raw Food" (biologisch geschikt rauw voedsel) te beschrijven. Het verschil tussen BARF-diëten en zelfgemaakte diëten is simpelweg of het voedsel wel of niet gekookt is.

BARF en zelfgemaakte diëten hebben de wereld stormenderhand veroverd. Sommigen geloven dat commerciële voedingsmiddelen te veel verwerking ondergaan om gezond te zijn, en daarom zou een dieet van lokaal geproduceerde verse producten voedzamer zijn. Het bevordert ook de overtuiging dat de voorouders van honden voornamelijk vleeseters waren, en daarom zouden onze gedomesticeerde honden dit zelfde dieet moeten volgen. Het houdt echter geen rekening met het feit dat de huidige huishonden enorm verschillen van hun wolvenvoorouders, en dat geldt ook voor hun spijsverteringsstelsel.

Hoewel een zelfgemaakt of BARF-dieet voordelen heeft — zoals het weten waar de ingrediënten vandaan komen, dat ze biologisch en chemievrij zijn, en minimale verwerking ondergaan — zijn er ook nadelen. Het grootste probleem met BARF en zelfgemaakte diëten is het onvermogen om ze adequaat te balanceren. Het is extreem moeilijk om ervoor te zorgen dat er de juiste hoeveelheid voedingsstoffen, mineralen en vitaminen in zelfgemaakt voedsel zitten, wat een impact kan hebben op de gezondheid van je Labrador. Groeiende honden kunnen broze botten ontwikkelen, en volwassen honden kunnen blaasstenen en ondervoeding ontwikkelen. Het is niet onmogelijk om een zelfgemaakt of BARF-dieet in balans te brengen, maar het moet worden gedaan met de hulp van een veterinaire voedingsdeskundige en zal waarschijnlijk de toevoeging van minerale supplementen vereisen.

Een ander probleem met BARF-diëten in het bijzonder is hygiëne. Rauw vlees kan bacteriën bevatten zoals salmonella en E. coli, die in de mond van je hond blijven. Terwijl het spijsverteringsstelsel van je hond deze bacteriën aankan, kunnen ze kwetsbare mensen in je huishouden ziek maken, zoals ouderen of jonge kinderen. De bacteriën worden overgedragen op de vacht van je hond wanneer hij zichzelf verzorgt, en gemakkelijk opgepikt als iemand je Labrador aait. Daarom moet strikte hygiëne voor alle huisgenoten

gelden, waaronder regelmatig handen wassen, hondenkommen wassen in heet, zeepachtig water na de maaltijden, en het desinfecteren van bereidingsoppervlakken na gebruik.

Ten slotte bevatten BARF en zelfgemaakte diëten soms botten. Als ze rauw zijn, zijn deze botten meestal flexibel en lossen ze relatief gemakkelijk op in maagzuur. Dit is echter niet altijd het geval. Daarom heeft elke hond op een dieet dat botten bevat een verhoogd risico op gastro-intestinale perforatie of blokkade, vooral Labradors, die hun voedsel zelden goed kauwen!

Hoewel BARF en zelfgemaakte diëten goede opties kunnen zijn, zijn ze gemakkelijk verkeerd toe te passen. Wil je deze weg met je Lab verkennen, vraag dan advies aan een veterinaire voedingsdeskundige voor een uitgebalanceerd dieet.

Gewichtscontrole

Als ras hebben Labradors een van de traagste stofwisselingen, en zijn daarom vatbaar voor obesitas. Het in de gaten houden van het gewicht van je hond is van vitaal belang, aangezien overgewicht druk uitoefent op de gewrichten, het hart en de interne organen, wat de levensverwachting van je Lab en zijn vermogen om comfortabel te bewegen aanzienlijk vermindert.

Er is geen "ideaal" gewicht voor een Labrador. Zoals vermeld in hoofdstuk 1, wegen reuen meestal 29-36 kg en teven meestal 25-32 kg, maar er is een grote genetische variatie. Daarom kan de ene Labrador ondergewicht hebben bij 32 kg en kan de andere zwaar obees zijn. Een betere manier om het gewicht van je Labrador te beoordelen, is door regelmatig zijn lichaamsconditie te scoren. Een ideale lichaamsconditiescore is 4 tot 5, en het bereik loopt van 1 (uitgemergeld) tot 9 (obees). De scores zijn gestandaardiseerd voor iedereen om te gebruiken, en zijn gemakkelijk en herhaalbaar van hond tot hond. Dit zijn de beschrijvingen van de volgende scores:

BCS 1 = Uitgemergeld. Ribben, lumbale werveluitsteeksels en benige uitsteeksels rond het bekken zijn duidelijk zichtbaar. Er is ernstig verlies van spieren en geen lichaamsvet.

BCS 3 = Ondergewicht. Ribben zijn gemakkelijk te voelen en kunnen zichtbaar zijn. Niet veel vet aanwezig. De buik trekt op bij de flank en een taille is van bovenaf te zien. Sommige benige uitsteeksels zijn zichtbaar. Bovenkant van lumbale wervels is gemakkelijk te zien.

BCS 5 = Ideaal. Minimaal vet over de ribben en je kunt ze gemakkelijk voelen. Taille en ribben zijn zichtbaar wanneer je boven de hond staat. Opgetrokken buik wanneer van de zijkant bekeken.

BCS 7 = Overgewicht. Vet aanwezig over ribben en je moet wat druk uitoefenen om ze te voelen. Vetafzettingen over de achterhand en rond de staartbasis. Taille is niet gemakkelijk te zien. Buikoptrektrekking aanwezig maar licht.

BCS 9 = Obees. Veel vet rond de staartbasis, wervelkolom en borst. Buik kan uitpuilen achter de ribben. Geen taille of buikoptrekking. Vetafzettingen op nek en ledematen.

Elke lichaamsconditiescore is het equivalent van 10% lichaamsgewicht. Dus bijvoorbeeld, als de lichaamsconditiescore van je hond zeven is, moet hij 20% van zijn lichaamsgewicht verliezen om een gezonde score van vijf te bereiken. Dit kan dan worden gebruikt om te berekenen wat je hond zou moeten wegen. Dus, als je hond 34 kg weegt, en 20% overgewicht heeft, zou hij eigenlijk 27,2 kg moeten wegen. Dit wordt het beste bereikt door de juiste hoeveelheid voedsel te geven die nodig is voor zijn ideale gewicht, en niet zijn huidige gewicht, zoals aangegeven door de informatie op de verpakking van het voedsel. Afvallen is een marathon, geen sprint. Snel gewichtsverlies kan complicaties veroorzaken, daarom is zes maanden een realistische tijdlijn om naartoe te werken. Onthoud dat traktaties ook calorieën bevatten, en hiermee moet rekening worden gehouden bij het afmeten van de dagelijkse hoeveelheid voedsel. Als je denkt dat je hond gewicht moet verliezen, is het altijd het beste om dit te doen door een plan op te stellen met je dierenarts, en hem naar de dierenartsenpraktijk te brengen voor regelmatige wegingen.

Voedingssupplementen

Je kunt overwegen om supplementen te gebruiken voor je Labrador; deze zijn echter onnodig tenzij je hond een probleem heeft of een verhoogde belasting op zijn lichaam heeft, bijvoorbeeld als een zeer actieve hond.

Voedingssupplementen kunnen onder andere probiotica, gewrichtssupplementen zoals glucosamine en chondroïtine, huidsupplementen zoals omega-oliën en biotine, en kalmerende supplementen zoals L-tryptofaan omvatten. Sommige hondenvoeders hebben deze al toegevoegd, dus controleer het voer van je Labrador voordat je hem mogelijk een dubbele dosis geeft.

Je kunt supplementen kopen bij je lokale dierenarts, dierenwinkel of online, en veel ervan lijken op menselijke versies. Het is echter belangrijk om je Labrador geen menselijk gezondheidssupplement te geven, aangezien menselijke supplementen extra ingrediënten kunnen bevatten om de smaak te verbeteren die giftig kunnen zijn voor je Lab. Supplementen komen meestal in de vorm van poeders, vloeistoffen, traktaties of tabletten, die allemaal zeer smakelijk zijn voor honden.

Supplementen zijn over het algemeen natuurlijk en veilig, maar je moet de toevoeging van een supplement aan het dieet van je hond nog steeds bespreken met je dierenarts, aangezien er soms kruisreacties kunnen zijn met bepaalde medicijnen. Over het algemeen kunnen supplementen echter geweldige toevoegingen zijn om je Labrador in topconditie te houden naast een uitgebalanceerd, voedzaam dieet.

HOOFDSTUK 9
Gebitsverzorging

Het belang van gebitsverzorging

Als je al een tijdje een Labrador heeft, bent je waarschijnlijk gewend geraakt aan zijn hondengeur. Maar hoe neusdoof je ook bent voor de geur van zijn vacht, je zult het zeker opmerken wanneer hij last heeft van een slechte adem. Slechte adem wordt halitose genoemd en is het gevolg van bacteriën in de mond. Deze kunnen zich op de tanden of in het speeksel bevinden. Dagelijkse gebitsverzorging is essentieel om te voorkomen dat deze bacteriën zorgen voor een opbouw van plak en tandsteen, wat kan leiden tot ontstoken tandvlees, ook wel gingivitis genoemd, en loszittende en rotte tanden.

Gebitsproblemen blijven bij honden vaak onopgemerkt totdat het te laat is en je hond al aanzienlijke pijn ervaart. Het kan in stilte het welzijn van uw hond aantasten en moet tegen elke prijs worden voorkomen. De meeste baasjes gaan ervan uit dat hun hond niet zal eten als hun mond pijnlijk is, maar in het geval van een Labrador zorgt hun gulzige eetlust ervoor dat

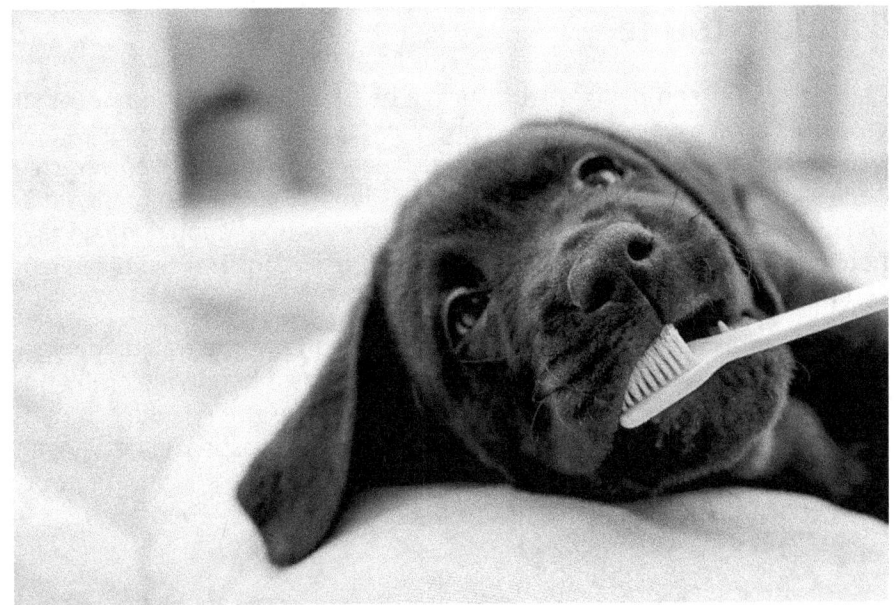

ze meestal blijven eten, ongeacht hoe slecht hun gebit is. Daarom is het belangrijk om de mond van je Lab regelmatig te controleren en preventieve gebitsverzorging te bieden, om ingrijpende tandheelkundige behandelingen te voorkomen.

Tandanatomie

Een tand is een benige structuur die bestaat uit een kroon boven het tandvlees en een wortel of wortels onder het tandvlees. Er zijn 28 melktanden (puppytanden) die in de eerste paar maanden van het leven verschijnen. Deze vallen uit en worden vervangen door 42 volwassen tanden tussen de leeftijd van vier en acht maanden. Dit is waarom puppy's de neiging hebben om op alles te kauwen, omdat het proces van tandjes krijgen jeukend en oncomfortabel kan zijn.

De kleine tanden aan de voorkant van de mond worden snijtanden genoemd. Deze werden door de wilde voorouders van honden gebruikt om vlees van het bot te knabbelen. Naast de snijtanden zitten lange hoektanden, die in het wild werden gebruikt om prooi vast te grijpen. In de wangen van een hond zitten grotere, plattere tanden die premolaren en kiezen worden genoemd. Deze worden gebruikt om harder voedsel te vermalen.

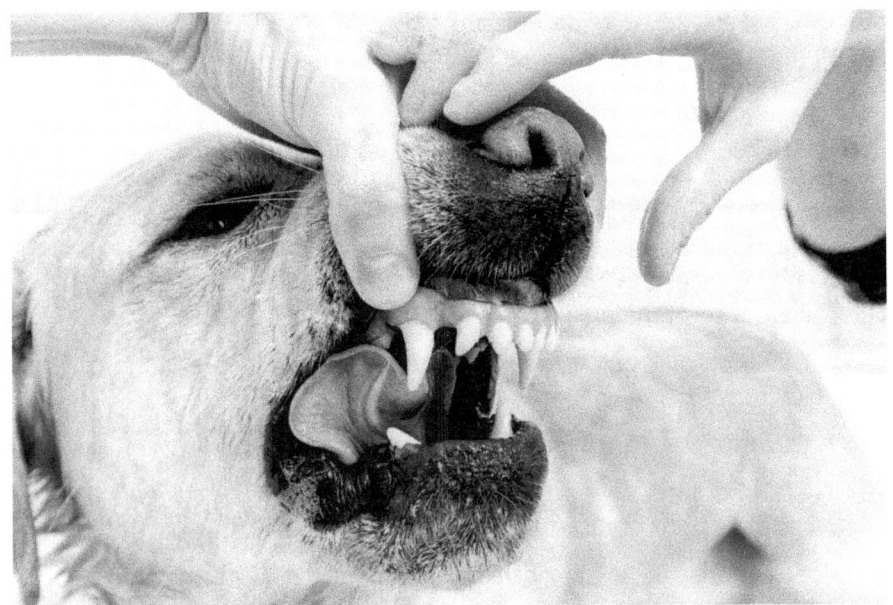

De buitenste laag van een tand is het glazuur, een beschermende laag. In het midden van de tand zit de pulpa, een vlezig gedeelte dat bestaat uit zenuwen en bloedvaten. Dit voorziet de tand van alle voedingsstoffen die nodig zijn om te overleven, en als het wordt blootgesteld, kan het aanzienlijke pijn veroorzaken. Rond de wortel van de tand bevindt zich de tandkas. Dit is een uitholling in de kaak waar de tand in zit. De tand wordt in de tandkas gehouden door een stevige structuur die het parodontale ligament wordt genoemd. Tandaandoeningen verzwakken dit ligament, waardoor de tand los gaat zitten en uiteindelijk uitvalt.

Opbouw van tandsteen en gingivitis

Tandsteen is een mengsel van voedselresten en bacteriën dat zich ophoopt aan de basis van de kroon. Het lichaam reageert op de bacteriën door ontstekingscellen naar het gebied te sturen om de bacteriën te bestrijden, maar dit zorgt er juist voor dat het tandvlees ontstoken en pijnlijk wordt. Zonder het tandsteen te verwijderen, wordt de ontsteking, bekend als gingivitis, steeds erger.

Het voorkomen van tandsteenopbouw via gebitsverzorging en tandenpoetsen helpt gingivitis te voorkomen. Als het probleem ernstig is geworden, of als het tandsteen is gemineraliseerd (bekend als calculus), is het onmogelijk om het te verwijderen zonder een tandheelkundige ingreep, die later in het hoofdstuk wordt besproken.

Epulis

Labradors zijn vatbaar voor het ontwikkelen van een goedaardige tumor in de mond, bekend als een epulis. De tumor is een overgroei van tandvleesweefsel, meestal veroorzaakt door chronische ontsteking. Er zijn drie verschillende soorten epulis:

1. Ossificerend – een tumor die een mengsel van bot- en tandvleescellen bevat.

2. Fibromateus – een tumor gemaakt van taaie vezels.

3. Acanthomateus – een destructief type tumor, die omliggend weefsel, inclusief botten, zal vernietigen.

Hoewel epulis technisch gezien niet kwaadaardig zijn en zich niet door het lichaam verspreiden, kunnen ze lokale problemen veroorzaken zoals bloedingen, ongemak en het vasthouden van voedsel, wat leidt tot infecties of abcessen. Als ze problemen veroorzaken, moeten ze chirurgisch worden verwijderd, maar het is mogelijk dat ze daarna weer teruggroeien als ze niet volledig kunnen worden weggehaald.

Gebitsverzorging

Gebitsverzorging moet beginnen wanneer je hond nog een puppy is. Als je pas begint wanneer er al sprake is van gebitsproblemen, is het onmogelijk om de reeds aangerichte schade ongedaan te maken. Tanden poetsen wordt door veel honden niet getolereerd als het te laat wordt geïntroduceerd. Je Labrador puppy vanaf jonge leeftijd laten wennen aan gebitsverzorging als een leuke, positieve ervaring, betaalt zich later uit. De basis van gebitsverzorging is tandenpoetsen. Dit helpt de opbouw van tandsteen te verwijderen als het regelmatig wordt uitgevoerd. Je zou de tanden van je hond dagelijks moeten poetsen indien mogelijk, of minstens drie keer per week om effectief te zijn. Een normale of kindertandenborstel kan worden gebruikt, maar je vindt het misschien makkelijker om een vingerborstel te gebruiken, een plastic vingerhoedje met borstelharen dat je over je vinger schuift, of een gebogen hondentandenborstel om gemakkelijker achter in de mond te komen. Je mag nooit menselijke tandpasta gebruiken, omdat deze giftig is voor honden. Hondentandpasta is verkrijgbaar bij veel dieren-

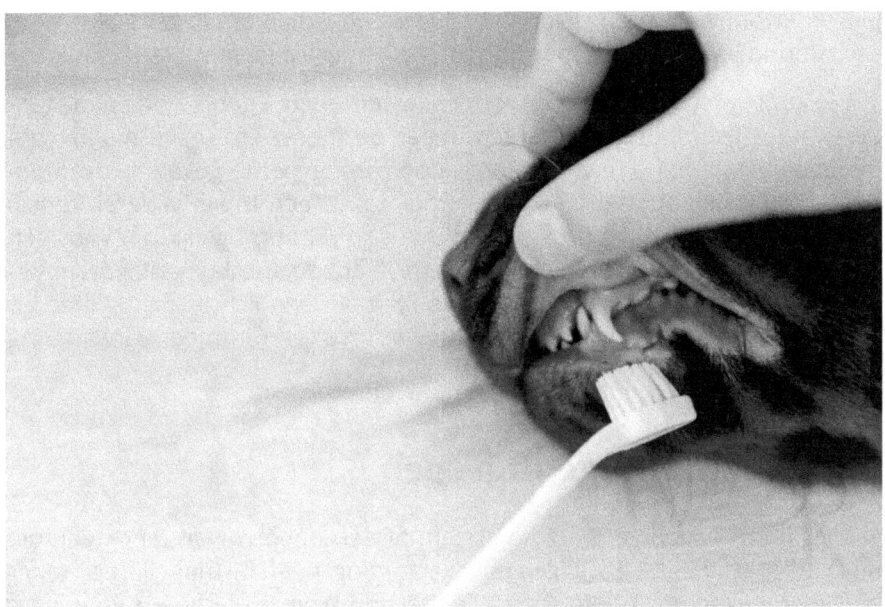

winkels, dierenartsen en online, en is samengesteld met enzymen om tandsteen af te breken, bacteriën te doden en de adem te verfrissen.

Bij het poetsen van de tanden is het gemakkelijk om de kiezen helemaal
achterin te missen, dus zorg ervoor dat je de grote wangen van je Labrador
naar achteren trekt om erbij te kunnen. Wanneer je klaar bent met poetsen,
geef hem dan veel aandacht en beloningen om het een positieve ervaring
voor hem te maken.

Tandenpoetsen kan worden aangevuld met het gebruik van kauwsnacks
voor de tanden. Ze zijn geen vervanging voor poetsen, maar kunnen nuttig
zijn om ervoor te zorgen dat de tanden tussendoor schoon zijn, zolang je
Labrador er daadwerkelijk op kauwt en ze niet met bliksemsnelheid door-
slikt met minimaal kauwen! Het concept achter kauwsnacks is dat ze zo ge-
vormd zijn dat ze wrijving, schuring of zuiging op de tand veroorzaken, zodat tandsteen dat nog niet te vast zit, loskomt. Vergeet niet dat traktaties
calorieën bevatten, en alle Lab-eigenaren moeten de taille van hun hond in
de gaten houden, dus onthoud om het equivalente aantal calorieën uit het
normale voer van je hond te halen.

Een andere optie om tanden schoon te houden is hondentandspoeling.
Dit kan aan het drinkwater worden toegevoegd en werkt op dezelfde manier als tandpasta, omdat het enzymen bevat die helpen tandsteen op te
lossen. Het helpt ook de adem te verfrissen. Als het tandsteen echter al een
tijdje is opgebouwd, zal het geen verschil maken. Net als bij tandpasta moet

je altijd mondwater gebruiken dat speciaal voor honden is gemaakt. Menselijk mondwater is giftig voor honden en kan ernstige gevolgen hebben.

Je kunt verschillende gebitsverzorgingsproducten gebruiken om de tanden van je Labrador te verzorgen, maar de meest effectieve manier om het gebit van je hond te verzorgen is door droogvoer te geven. Droge hondenbrokken helpen, net als kauwsnacks, tandsteen te verwijderen terwijl je hond erop kauwt. De brokgrootte moet zo groot mogelijk zijn voor een middelgrote tot grote hond, of nog beter, het zou speciaal tandvoer moeten zijn. Dit voer bestaat uit grote brokken die een lichte zuiging creëren wanneer tanden erdoorheen kauwen, wat resulteert in meer verwijdering van tandsteen.

Tandheelkundige ingrepen

Als je hond gebitsproblemen heeft, of een opbouw van tandsteen die niet verbetert met zorgvuldige gebitsverzorging, heeft hij mogelijk een tandheelkundige ingreep nodig. Dit is een procedure die je dierenarts voor je zal uitvoeren, en daarna zullen de tanden van je Lab eruitzien alsof hij weer een puppy is.

Een tandheelkundige ingreep, die bij je lokale dierenartsenpraktijk kan worden uitgevoerd, vereist een algehele verdoving; je Labrador hoeft echter maar een dag in de kliniek te blijven en is 's middags klaar om naar huis

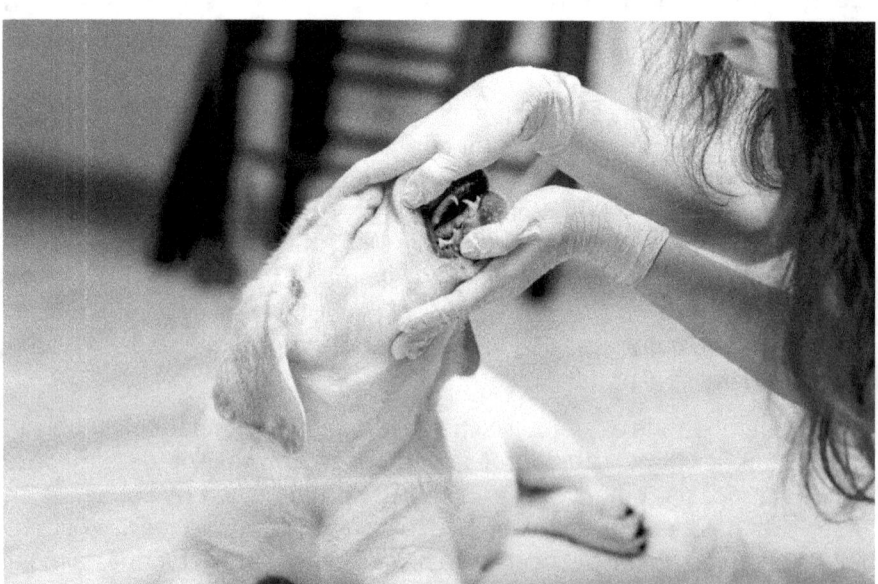

te gaan zodra hij wakker is geworden. De procedure begint met het verwijderen van al het tandsteen van de tanden om de bacteriële belasting in de mond te verminderen. Daarna zal de dierenarts rond elke tand sonderen om te onderzoeken of er tanden moeten worden verwijderd. Als dat het geval is, zal hij het parodontale ligament losmaken met een speciaal instrument, een elevator, om de tand te kunnen trekken. Als de tandkas groot is, kan je dierenarts ervoor kiezen om deze dicht te hechten om te voorkomen dat er voedsel in komt. Hierna worden de resterende tanden gepolijst en de mond gespoeld.

Je Labrador komt waarschijnlijk thuis met antibiotica en pijnstillers als hij tanden heeft laten trekken, en kan zich 's avonds wat onder het weer voelen, maar hij zou zich de volgende ochtend weer normaal moeten voelen.

Ook al lijkt het misschien ingrijpend om je hond in te plannen voor een tandheelkundige ingreep, hij zal zich daarna zoveel beter voelen, met een pijnvrije mond, en jij zult genieten van een Labrador met een frisse adem!

HOOFDSTUK 10
Vachtverzorging

Het verzorgen van een Labrador hoeft geen moeilijke taak te zijn als je je Labrador vanaf puppyleeftijd hebt getraind om verzorging te accepteren. Het is belangrijk dat Labradors leren om alle aspecten van vachtverzorging te verdragen, waaronder baden, borstelen en het reinigen van de oren, aangezien ze van nature aangetrokken worden tot zwemmen en daardoor vaker dan de gemiddelde hond een bad of oorschoonmaak nodig kunnen hebben. Bovendien verharen Labradors matig tot veel, vooral twee keer per jaar, en daarom zal het regelmatig verzorgen van je hond helpen om de hoeveelheid haar in huis te verminderen.

Foto met dank aan Tom Powell

Over de Vacht

"Ze verharen ongeveer vier keer per jaar, waarbij ze veel van hun ondervacht verliezen. Maar ze verliezen ook dagelijks wat vacht. Wekelijks borstelen helpt om de haarhopen te verminderen. Mijn beste advies: kies een Lab met een vachtkleur die past bij je interieur en kleding!"

Jennifer Robinson
Chestnut's Labs2Love

Zoals besproken in Hoofdstuk 1 hebben Labradors een dichte, waterafstotende dubbele vacht die twee keer per jaar in de lente en herfst flink verharen. Deze vacht werd ontwikkeld zodat de oorspronkelijke Labradors, die werkten in de ijskoude Canadese wateren, beschermd zouden zijn tegen de kou van het water. Ze werden verkozen boven langharige Retrievers, omdat het ijs kon aankoeken op de vacht van langharige Retrievers, waardoor het langer duurde voordat ze weer opwarmden.

Een 'dubbele vacht' betekent dat er twee lagen vacht zijn. De 'dekvacht' of 'bovenvacht' voelt ruwer aan, en de 'ondervacht' is zachter en lichter van kleur, met natuurlijke waterafstotende olieafscheidingen. Samen zorgen ze ervoor dat water nauwelijks direct in contact komt met de huid, en dienen ze als een uitstekende isolator.

Gelukkig is de vacht, hoewel dik, relatief kort en glad, en daardoor niet moeilijk te verzorgen. Honden met een dubbele vacht mogen nooit worden geschoren, wat betekent dat je je Labrador waarschijnlijk niet naar de trimsalon hoeft te brengen voor onderhoud.

Vachtgezondheid

"Labrador Retrievers hebben over het algemeen zeer weinig onderhoud nodig voor hun vacht. Een goede borstel om aan te schaffen is de 'Furminator' en een goede shampoo om bij de hand te hebben is 'Curaseb' voor het geval van hotspots in de zomer of bacteriële/gistproblemen die zich in de vacht ontwikkelen."

Lori Lutz
Bowery Run Labradors

Om de vacht van je Labrador gezond te houden, is regelmatig borstelen en af en toe baden nodig.

Verzorg je Labrador zo vaak mogelijk. Het verwijdert losse haren en vermindert verharing, én verbetert de bloedcirculatie naar de huid, wat de gezondheid en glans van de vacht bevordert. Regelmatige verzorging helpt je bovendien om problemen vroeg te ontdekken. Het zal ook de band met je hond versterken. Als je je hond dagelijks kunt borstelen, is dat uitstekend, maar één of twee keer per week is voldoende.

Je hebt slechts enkele soorten borstels nodig om je Labrador te borstelen:

- Een pinborstel, met lange metalen pennen

- Een haarborstel, met zachte, dicht op elkaar gepakte haren

- *Optionele extra's:* een slickerborstel (zoals een pinborstel maar met kortere metalen pennen) en een windhondenkam (een metalen kam voor langer haar)

Begin met een pinborstel en borstel in de richting van het haar met lange halen. Als je je Labrador hiermee hebt opgewarmd, kun je de borstel gebruiken om in kortere, krachtige halen te borstelen, ook in andere richtingen dan de natuurlijke haargroei. Dit helpt om de vacht te scheiden en wat

dieper richting de huid te borstelen. Tot slot kun je eindigen met een zachte haarborstel om je Labrador te ontspannen en de verspreiding van de natuurlijke oliën door de vacht te bevorderen.

Voordat je gaat borstelen, kun je je Labrador eerst een bad geven. Te frequent wassen met shampoo zal echter de natuurlijke oliën uit de vacht verwijderen, waardoor de glans en het waterafstotende vermogen verminderen. Desalniettemin worden Labradors aangetrokken tot water en modder, dus je zult merken dat je Lab relatief vaak een bad nodig heeft. Om te voorkomen dat de vacht zijn oliën verliest, kun je lauwwarm water gebruiken om het vuil uit de vacht te spoelen, en alleen shampoo gebruiken wanneer je hond begint te ruiken, wat idealiter niet vaker zou moeten zijn dan eens per maand.

Baden kun je het beste binnen in de badkuip doen, maar op een warme dag kun je je Labrador ook buiten voorzichtig met de tuinslang afspoelen. Gebruik lauwwarm water, idealiter uit een afneembare douchekop, maar als je deze optie niet hebt, kan een beker of kan worden gebruikt om het water te gieten.

Er zijn veel shampoos op de markt die voor honden kunnen worden gebruikt. Probeer een hondenshampoo te kiezen die zacht is voor de huid en ontworpen is om deze niet uit te drogen. Havermoutshampoo is om deze reden een populaire keuze. Je dierenarts of medewerker van de dierenwinkel kan je echter advies geven over de beschikbare producten.

Bij het baden van je hond zijn er plekken die gemakkelijk worden vergeten, zoals tussen de kussentjes onder de poten, en het reinigen rond de ogen en het gezicht. Het kan gemakkelijker zijn om deze gebieden met verzorgingsdoekjes te behandelen in plaats van te wassen.

Nagels Knippen

Nagels knippen is echt belangrijk als je je hond niet regelmatig op harde ondergrond uitlaat. Dit komt omdat hij dan geen natuurlijke manier heeft om zijn nagels te vijlen, waardoor ze overmatig kunnen groeien en in de poten kunnen groeien, wat extreme pijn veroorzaakt.

De nagels zijn gemaakt van keratine, en als ze correct worden geknipt, veroorzaakt het knippen geen pijn. Het midden van de nagel wordt echter het leven genoemd en zit vol bloedvaten en zenuwen. Als dit per ongeluk wordt doorgesneden, kan het overvloedig bloeden en zeer pijnlijk zijn. Het is belangrijk om je Labrador te leren stilzitten bij het knippen van de nagels, om de kans hierop te verkleinen. Begin als je Labrador nog een puppy

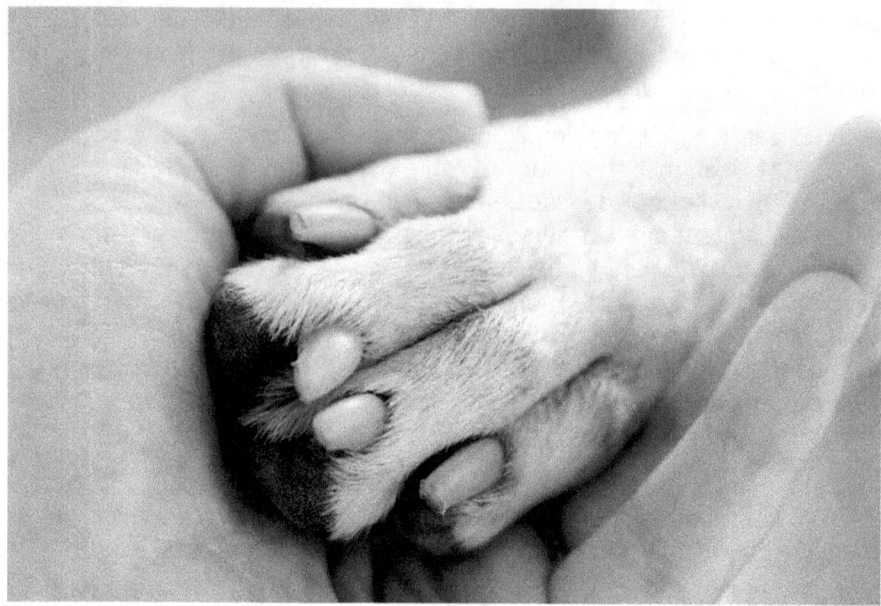

is door regelmatig zijn poten aan te raken, op te tillen en zijn nagels aan te raken. Zo went hij aan het proces voordat je de nagels voor het eerst knipt.

Om de nagels van je Labrador te knippen, kun je het beste een grote nagelknipper kopen bij je plaatselijke dierenwinkel. Een grote is nodig omdat een volwassen Labrador dikke en sterke nagels heeft. Als je de nagels van je hond knipt, begin dan met het afknippen van een klein stukje om te voorkomen dat je in het leven knipt. Je hebt misschien geluk en hebt een Labrador met doorzichtige nagels, waardoor je het leven kunt zien, maar de meeste Labradors hebben zwarte nagels, wat het erg moeilijk maakt. Soms kun je, als je de poot ondersteboven houdt, zien tot waar het leven reikt, maar dit is niet bij alle honden het geval. Dus als je niet zeker bent over het knippen van de nagels van je Labrador, kun je je dierenarts, dierenartsassistent of plaatselijke hondentrimmer om hulp vragen.

Als je per ongeluk in het leven knipt, is het belangrijk om niet in paniek te raken. Oefen wat druk uit op de bloedende poot met een plukje watten, of als je een zilvernitraat coagulatiepen hebt (ook verkrijgbaar bij je plaatselijke dierenwinkel of online), kun je deze enkele seconden op het bloedende gebied houden om de bloedstroom te stoppen.

Sommige honden die bang zijn voor nagelknippers, kunnen een nagelvijl of Dremel verdragen. Dit is een oplaadbaar apparaat dat de nagel vijlt in plaats van knipt.

Oren Reinigen

"Aangezien Labrador Retrievers oorflappen hebben (oren die over het oorkanaal vouwen), is het belangrijk om te controleren op vuil en een hoogwaardige oorwassing te gebruiken als er een geur wordt waargenomen."

Lori Lutz
Bowery Run Labradors

Labradors zijn vatbaar voor oorontstekingen vanwege de vorm van hun oren. Omdat de oorschelp (flap) van het oor over de opening van het oor vouwt, creëert dit een vochtige omgeving die ideaal is voor de groei van bacteriën en gist. Daarnaast zorgt het herhaaldelijk nat worden tijdens het zwemmen, vooral in vuil water, voor een perfecte omgeving voor infecties.

Regelmatig de oren van je hond reinigen vergroot de kans dat ze infectievrij blijven. Oorreinigers lossen niet alleen oorsmeer en vuil op, maar maken het oor ook minder aantrekkelijk voor bacteriën en gisten. Je kunt

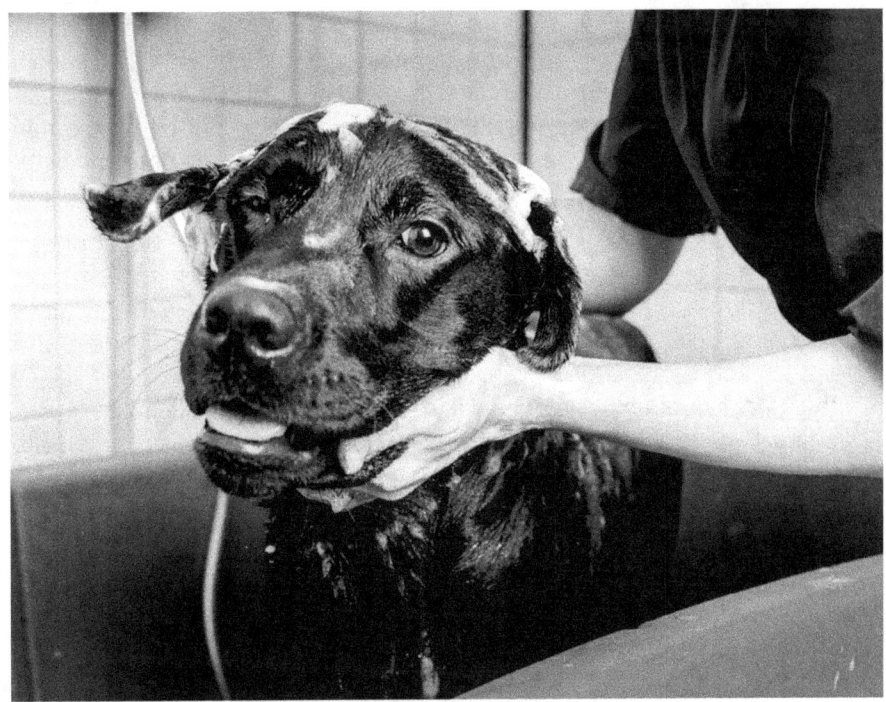

de oren van je Labrador reinigen na elke keer dat hij heeft gezwommen, of gewoon routinematig één keer per maand als hij geen problemen heeft, of één keer per één tot twee weken als hij terugkerende infecties heeft. Oorreiniger kan worden gekocht bij een dierenwinkel, online of bij een dierenartsenpraktijk, maar de beste zijn door dierenartsen goedgekeurd, dus het is de moeite waard om te informeren welke je dierenarts aanbeveelt.

Begin door de flap van het oor van je hond omhoog te houden, plaats vervolgens het tuitje in de gehoorgang en geef een spuitje. Als je er voldoende in hebt gedaan, leg je de oorflap weer terug en masseer je het hele gebied gedurende 20-30 seconden. Je hond zal waarschijnlijk met zijn kop schudden als je loslaat, maar dit is een goede zaak, omdat het al het losgeweekte oorsmeer en vuil naar de oppervlakte brengt. Je kunt dit wegvegen met wat watten. Herhaal dit vervolgens met het andere oor.

Anaalklieren

De meeste trimmers zullen de anaalklieren van je hond voor je legen. Misschien stuur je je Labrador echter niet regelmatig naar de trimmer, en daarom zal het af en toe nodig zijn om ze zelf te controleren en te legen, of door je dierenarts. De anaalklieren bevinden zich op de vier- en achtuurpositie aan de binnenkant van de anus. Het zijn overbodige zakjes die gemakkelijk kunnen vollopen met ontlastingsmateriaal als de ontlasting van je Lab losser is dan normaal. Een kwalitatief hoogwaardig dieet zorgt er meestal voor dat de ontlasting normaal is, maar als je merkt dat hij problemen heeft, kunnen vezelsupplementen in het dieet helpen om de ontlasting steviger te maken, zodat er meer stimulatie is als de ontlasting passeert.

Wanneer de anaalzakjes vol raken, moeten ze worden geleegd door een dierenarts, dierenartsassistent of trimmer, om ervoor te zorgen dat ze niet geïnfecteerd raken. Het is gemakkelijk te zien of ze vol zijn, want je Labrador zal het je zeker laten weten. Hij zal met zijn achterwerk over de grond schuren, bekend als 'sleetje rijden', om het ongemak van de gevulde zakjes te verlichten. Hij zal ook waarschijnlijk het gebied likken. Als je deze aanwijzingen mist, zul je zeker de weerzinwekkende visgeur niet missen die volle anaalklieren in je huis brengen!

Als je hond terugkerende problemen heeft met zijn anaalklieren, kunnen ze worden verwijderd, maar dit kan een riskante procedure zijn omdat de zenuwen naar de anale sfincter er vlak achter lopen. Als deze beschadigd raken, kan de anale sfincter gaan lekken, wat onhygiënisch is voor je hond en het huis. Voordat er wordt overgegaan tot een operatie, kan je dierenarts proberen de klieren elke twee weken routinematig te legen, of ze onder verdoving te spoelen.

***

Het goed verzorgen van je Labrador is niet zo uitdagend in vergelijking met langharige hondenrassen, maar mag desondanks niet worden verwaarloosd. Je Labrador zal gedijen op de extra aandacht, en het zal niet alleen zijn gezondheid verbeteren, maar ook jullie band versterken.

HOOFDSTUK 11
Preventieve Diergeneeskunde

"De omgeving speelt net zo'n grote rol in de levensduur van onze honden als genetica. Overgewicht kan heupdysplasie veroorzaken bij een hond uit een genetisch gezonde combinatie, en kanker kan worden veroorzaakt door voeding en blootstelling aan tuinchemicaliën in een verder genetisch sterke lijn. Genetica is slechts 50% van de vergelijking, wat kan worden verminderd door te kopen bij een fokker die gezond-heidsonderzoeken doet bij hun fokparen en dit meerdere generaties te-rug kan traceren aan beide kanten van de ouders. De andere 50% wordt beheerd door de eigenaar die zorgt voor een goede voeding, beweging en blootstelling aan de buitenwereld."

Lori Lutz
Bowery Run Labradors

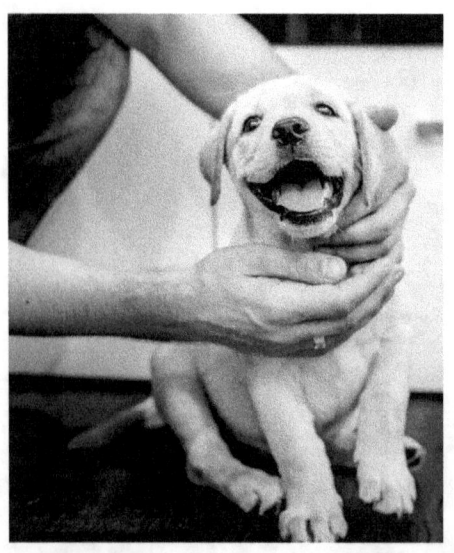

Natuurlijk is je belangrijk-ste zorg voor je Labrador om hem gezond te houden. Je die-renarts kan je hierbij helpen en is niet alleen beschikbaar om ge-zondheidsproblemen te behan-delen, maar ook om ze te voorko-men. Voorkomen is immers beter dan genezen. Met de lange lijst van potentiële gezondheidsproblemen bij de Labrador, zoals verder be-sproken in Hoofdstuk 12, is het de moeite waard om een dierenarts te kiezen die je volledig vertrouwt en die je Labrador kan leren kennen als zijn eigen. Op deze manier kan hij je helpen om potentiële problemen te voorkomen en je Labrador ge-zond te houden.

Een Dierenarts Kiezen

Er zijn veel aspecten waar je rekening mee moet houden bij het kiezen van een dierenarts. Het is in het belang van je Labrador om bij één dierenarts of dierenartsenpraktijk te blijven, zodat de dierenarts op de hoogte blijft van de gezondheid van je Labrador. Ook als je een claim bij de huisdierenverzekering moet indienen (later besproken in dit hoofdstuk), is het eenvoudiger als de volledige medische geschiedenis van je hond bij slechts één praktijk wordt bewaard. Daarom moet je het vinden van een dierenarts die je voor de rest van het leven van je hond kunt vertrouwen, niet lichtvaardig opvatten.

De eerste overweging is de ervaring van de dierenarts. Sommige dierenartsen zijn al tientallen jaren actief, terwijl anderen nieuw zijn in het vak. Sommigen hebben postdoctorale studies gevolgd, en sommige praktijken kunnen zelfs dierenartsen met specialistische diensten aanbieden, zoals cardiologie, oogheelkunde en orthopedische training. Dit is een uitstekend voordeel, want het betekent dat wanneer je Labrador een probleem heeft, hij niet ver hoeft te reizen naar een verwijzingskliniek. Je moet je niet laten afschrikken als je potentiële dierenarts pas gekwalificeerd is. onge dierenartsen missen misschien ervaring, maar krijgen steun van senior personeel voor een tweede mening. Ze zijn vaak beter op de hoogte van recente ontwikkelingen dan oudere dierenartsen, die meer praktijkervaring hebben maar soms achterlopen. De volgende overweging is de afstand vanaf je huis. Als je Labrador ooit medische hulp nodig heeft in geval van nood, kan elke minuut het verschil betekenen tussen leven en dood. Hoewel je niet per se de dichtstbijzijnde dierenartsenpraktijk hoeft te kiezen, is het een goed idee om binnen 20 minuten naar je dierenarts te kunnen reizen indien nodig.

Een andere belangrijke overweging is of 'extra's' belangrijk voor je zijn. Sommige dierenartsenpraktijken bieden extra diensten aan, zoals trimmen, pension, trainingslessen, puppy-socialisatielessen, gewichtsbeheersingsklinieken, diabetesklinieken en consulten met dierenartsassistenten. Het is niet essentieel om toegang te hebben tot al deze diensten bij je lokale dierenartsenpraktijk, maar het hebben van alles op één plek zal je Labrador helpen zich vertrouwd te voelen elke keer dat hij er komt.

Spoeddiensten zijn ook een belangrijk punt om naar te informeren. Niet alle dierenartsenpraktijken bieden een spoeddienst buiten kantooruren aan, en het is tegenwoordig gebruikelijk dat een dierenarts patiënten buiten kantooruren doorstuurt naar een speciale spoeddienst. Dit heeft zijn voordelen, aangezien de dierenartsen die bij de spoeddienst werken specifiek zijn opgeleid in spoedeisende en intensieve zorg, en je er dus van verzekerd kunt zijn dat je Labrador de beste behandeling krijgt. Het nadeel hiervan is echter dat het vaak duurder is en dat je hond, indien nodig, overdag terug moet naar je normale dierenarts voor opname.

Ten slotte denken de meeste mensen aan de financiën. In werkelijkheid zijn de meeste dierenartsenpraktijken relatief concurrerend qua prijzen, dus er zou niet veel variatie in kosten moeten zijn. Sommige praktijken bieden echter loyaliteitsprogramma's of gezonde huisdierplannen aan waarmee je korting kunt krijgen op routineprocedures zoals sterilisatie, vac-

Foto met dank aan Alli Wright

cinaties, parasietenbehandeling en het plaatsen van een microchip. Het is de moeite waard om je hiervoor aan te melden, want niet alleen helpen ze je geld te besparen, ze herinneren je er ook aan om je preventieve behandelingen bij te houden.

Vaccinaties

Vaccinaties moeten een belangrijk onderdeel vormen van de preventieve gezondheidsmaatregelen voor je Labrador. Er zijn veel dodelijke ziekten in de wereld die gemakkelijk kunnen worden voorkomen door vaccinaties.

Je moet beginnen met de vaccinaties van je Labrador-puppy als hij 8 weken oud is, en als de fokker je puppy pas na deze leeftijd afgeeft, zou hij zijn eerste vaccinatie moeten hebben gehad wanneer je hem ophaalt. Een puppy-vaccinatiekuur kan twee of drie vaccins vereisen, elk twee tot vier weken uit elkaar, afhankelijk van het merk vaccin en het ziekterisico in jouw geografische gebied.

Na de basisvaccinaties van je puppy moet hij een booster krijgen als hij een jaar oud is, en daarna jaarlijks. Sommige mensen kiezen ervoor om een bloedtest uit te voeren om de immuniteitsniveaus te controleren en dan alleen te vaccineren wanneer de immuniteitsniveaus dalen. Dit is echter niet noodzakelijk, aangezien vaccinaties uiterst veilig zijn en bijwerkingen slechts zeer zelden voorkomen.

Vaccins worden verdeeld in twee categorieën: kern- en niet-kernvaccins. De kernvaccins variëren afhankelijk van de prevalentie van ziekten in jouw geografische gebied, maar de veelvoorkomende ziekten waartegen wordt gevaccineerd zijn onder andere parvo, hondenziekte, hepatitis (canine adenovirus), leptospirose, parainfluenza, Bordetella en rabiës.

Parvo is een ziekte die voornamelijk puppy's treft, hoewel honden van elke leeftijd het kunnen oplopen. Het is een dodelijk virus dat bloedingen in de darmen en diarree veroorzaakt. Sommige honden kunnen ook braken. Dit leidt tot snelle uitdroging. Het wordt voornamelijk opgelopen door fecaal-orale overdracht of het delen van voer- en waterbakken.

Hepatitis, ook bekend als canine adenovirus, is een ziekte die de lever aantast. De ontsteking in de lever kan koorts, braken, lethargie, diarree, geelzucht, vergrote lymfeklieren veroorzaken en leidt uiteindelijk tot de dood.

Hondenziekte is een virus dat veel verschillende lichaamssystemen aantast. Het veroorzaakt in eerste instantie braken, niezen en hoesten, evenals verdikte kussentjes op de poten en de punt van de neus. Zodra het virus zich naar de hersenen heeft verspreid, veroorzaakt het aanvallen.

Leptospirose is een ziekte die verschillende varianten heeft, bekend als serotypes. Sommige dierenartsen vaccineren tegen de twee meest voorkomende, sommige tegen vier. Het kan vergelijkbare symptomen veroorzaken als hepatitis, zoals braken, diarree en geelzucht, maar het veroorzaakt ook neurologische symptomen. Het tast voornamelijk de nieren, lever, centraal zenuwstelsel en voortplantingssysteem aan.

Kennelhoest is een ziekte waartegen wordt gevaccineerd door het vaccin in de neus te spuiten. Kennelhoest is eigenlijk een complex van ziekten, die vaak worden veroorzaakt door Bordetella en parainfluenza in combinatie. Kennelhoest veroorzaakt een harde ganzentoeter of hakkende hoest, en kan ervoor zorgen dat slijm wordt opgehoest. Het kan gemakkelijk worden verward met braken.

Rabiës is de laatste vaccinatie die van vitaal belang is in delen van de wereld waar het endemisch is. Rabiës is een ziekte die de hersenen aantast en wordt verspreid door speeksel dat bloed heeft besmet. Dit kan door beten zijn, of simpelweg speeksel dat een kras besmet. Het is overdraagbaar op mensen.

Hondenziekte, hepatitis en parvo worden vaak gecombineerd in één injecteerbare vaccinatie, die soms ook wordt gecombineerd met leptospiro-

se en mogelijk parainfluenza in één spuit. Als parainfluenza niet in de injecteerbare vorm wordt gegeven, kan het worden gecombineerd met Bordetella in een vaccin dat in de neus wordt gespoten. Rabiës wordt echter gegeven als een afzonderlijke injecteerbare vaccinatie.

Microchip

Een microchip is een metalen inzetstuk ter grootte van een rijstkorrel dat door je dierenarts via een injectie in de nek van je hond kan worden ingebracht. Het lijkt misschien dat een injectie om een microchip in te brengen pijnlijk zal zijn, maar de pijn is snel en van zeer korte duur. De meeste puppy's zijn het binnen enkele seconden na de injectie alweer vergeten.

Een microchip is een zeer goed idee, want als je Labrador kwijtraakt of wordt gestolen, en vervolgens wordt opgepikt door de dierenambulance of naar een dierenarts wordt gebracht, zal een scan van de microchip ervoor zorgen dat hij snel met jou herenigd kan worden. In bepaalde delen van de wereld, zoals het Verenigd Koninkrijk, zijn microchips een wettelijke verplichting en niet optioneel.

Het spreekt voor zich dat een microchip nutteloos is als je gegevens er niet up-to-date op staan. Elke keer dat je verhuist of je mobiele nummer verandert, moet je contact opnemen met het bedrijf dat de microchipdatabase beheert om je gegevens te wijzigen. Op die manier kun je er zeker van zijn dat je hond gemakkelijk naar jou kan worden teruggeleid.

Externe Parasieten

Vlooien vormen een grote bedreiging voor de gezondheid van je Labrador en zijn veelvoorkomende externe parasieten. Afhankelijk van waar je geografisch woont, kunnen ook schurftmijten en teken een bedreiging vormen.

Externe parasieten kunnen door je Labrador worden opgelopen van andere dieren, uit de omgeving, en zelfs doordat jij ze het huis binnenbrengt op je kleding. Vlooien en mijten veroorzaken intense jeuk door hun beten, wat resulteert in een rode uitslag en krabben door je Labrador. Het verschil is dat mijten microscopisch zijn, en vlooien met het blote oog te zien zijn. Toch leeft 95% van de vlooien in de omgeving, wat betekent dat ze niet altijd duidelijk zichtbaar zijn op je hond. Een eenvoudige test om te zien of je hond vlooien heeft, is om de vacht over een wit keukenpapier te wrijven, om

Foto met dank aan Chris Norton

wat vuil en stof uit de vacht te verwijderen. Wanneer een kleine hoeveelheid water op het vuil wordt gedruppeld, zal het, als het vlooienvuil is, het keukenpapier bruin of donkerrood kleuren.

Teken daarentegen veroorzaken meestal geen ongemak, tenzij de beet lokaal geïnfecteerd raakt. De grotere zorg is dat teken ziekten kunnen overdragen op je hond, en daarom moeten ze snel worden verwijderd of voorkomen. Het is de moeite waard om een tekenhaak bij de hand te hebben, die je kunt kopen bij je dierenarts, de dierenwinkel of online. Met een tekenhaak kun je de teek gemakkelijk verwijderen zonder hem aan te raken, en zorg je ervoor dat de monddelen schoon worden verwijderd, want het is wanneer deze in de huid achterblijven dat infectie kan optreden.

Externe parasieten kunnen worden voorkomen met anti-parasitaire behandeling. Preventieve behandeling kan een paar weken tot een paar maanden duren, afhankelijk van het gebruikte product. Het kan in de vorm van tabletten, traktaties, spot-on pipetten en halsbanden komen. Je kunt ook anti-parasitaire shampoos gebruiken die parasieten doden, maar ze laten geen residuele bescherming achter. Sommige anti-parasitaire behandelingen kunnen worden gekocht in een dierenwinkel, en andere kunnen worden gekocht bij een dierenartsenpraktijk. De producten van de dierenartsenpraktijk zijn echter waarschijnlijk van receptsterkte en hebben daarom minder weerstandsopbouw tegen het geneesmiddel. Daarom werken ze vaak beter.

Interne Parasieten

Net zoals je routinematig moet behandelen tegen externe parasieten, moet je ook routinematig behandelen tegen interne parasieten. De meest voorkomende soorten wormen zijn:

- **Darmrondwormen en lintwormen:** Deze veroorzaken diarree, gewichtsverlies en opgeblazen gevoel. In extreme gevallen kunnen ze levensbedreigende gastro-intestinale blokkades veroorzaken.

- **Longwormen:** Deze wormen verhinderen dat bloed kan stollen, en kunnen bloedingen in de ogen veroorzaken. Ze veroorzaken ook hoest, wat kan leiden tot ademhalingsproblemen omdat ze schade aan de longen veroorzaken.

- **Hartwormen:** Deze vermenigvuldigen zich in het circulatiesysteem en kunnen levensbedreigende blokkades veroorzaken in het hart, de slagaders en kleine vaten in de longen en die naar de hersenen leiden.

Sommige vlooienmiddelen bevatten ook ontwormers, zodat één behandeling meerdere parasieten aanpakt. Volg altijd het advies van je dierenarts over welke middelen geschikt zijn voor jouw hond. Uitgebreide ontwormingsbehandelingen tegen rondwormen en lintwormen worden meestal elke drie maanden aanbevolen als je hond aast, of elke zes maanden als hij dat niet doet. Daarom zul je voor Labradors met een gulzige eetlust zeker elke drie maanden moeten ontwormen! Als je in een gebied woont waar longwormen veel voorkomen, is het eigenlijk het beste om je hond elke maand te ontwormen met een rondwormbehandeling, en dan elke drie maanden met een lintwormbehandeling.

Sterilisatie

Als je niet van plan bent om met je Labrador te fokken, wat je niet zou moeten overwegen als je geen ervaren fokker bent, is het in het belang van je Labrador om hem te laten steriliseren. Het castreren van reuen voorkomt ongewenste dekkingen, vermindert de drang om rond te zwerven wat kan leiden tot verkeersongelukken, voorkomt seksuele frustratie, vermindert markeergedrag, vermindert agressieve neigingen (hoewel de Labrador van nature geen agressieve neigingen zou moeten hebben), vermindert prostaataandoeningen en elimineert kankers van de voortplantingsorganen. Het steriliseren van een teef voorkomt rommelige periodes wanneer ze loops is, voorkomt ongewenste zwangerschappen, vermindert en elimineert bijna de kans op borstkanker, voorkomt baarmoeder- en eier-stokkanker, en voorkomt een levensbedreigende baarmoederinfectie ge-naamd pyometra.

Zowel castratie als sterilisatie vereisen dat je hond een dagpatiënt is bij je lokale dierenartsenpraktijk. Hij moet vroeg op de dag worden afgezet, zonder ontbijt te hebben gehad. De operatie wordt meestal 's ochtends uit-gevoerd en je hond wordt meestal 's middags ontslagen, na een paar uur observatie. De verdoving zal de rest van de dag nodig hebben om uit te wer-ken, dus maak je geen zorgen als je Lab een beetje uit zijn doen lijkt. Je kunt hem wat eenvoudig voedsel geven, zoals kip en rijst, en hem de rest van de dag laten slapen. De volgende dag zou je een grote verbetering moeten merken. In de twee weken na de operatie is het echt belangrijk dat je je La-brador niet te veel laat rondrennen, niet laat springen of aan de incisie laat likken. Deze kunnen ervoor zorgen dat de hechtingen van de hond loslaten en er een wondinfectie ontstaat, wat het genezingsproces aanzienlijk zal vertragen en extra medicatie zal vereisen. De meeste dierenartsen willen de incisie na twee tot drie dagen controleren, en dan opnieuw na 14 dagen om de hechtingen te verwijderen.

Huisdierenverzekering

Wanneer je voor het eerst een Labrador koopt of adopteert, moet je overwegen een huisdierenverzekering af te sluiten. Zoals besproken in Hoofdstuk 12, zijn Labradors vatbaar voor veel aandoeningen, en het heb-ben van een huisdierenverzekering geeft je gemoedsrust dat de financiële last van deze aandoeningen tot op zekere hoogte gedekt zou moeten zijn. Dierenartskosten kunnen snel en onverwacht oplopen tot duizenden eu-ro's, en veel mensen kunnen zich een plotselinge betaling van deze omvang niet veroorloven. Een huisdierenverzekering geeft je daarom de mogelijk-heid om beslissingen te nemen over de gezondheidszorg van je Labrador zonder je zorgen te maken over financiën.

Bij het beslissen welke huisdierverzekeraar je kiest, moet je de kleine lettertjes zorgvuldig lezen. Er zijn verschillende soorten polissen. Sommige geven je een pot met geld die je jaarlijks kunt gebruiken voor elke aandoe-ning, sommige geven je een kleinere pot met geld per jaar per aandoening, en sommige hebben een maximum dat kan worden besteed aan een aan-doening voor de levensduur van je hond. Er is geen goede of slechte optie, maar je kunt merken dat de ene beter bij je past dan de andere. Voor veel verzekeringsmaatschappijen zijn er ook drie verschillende dekkingsniveaus, naast hoe het geld wordt verdeeld:

- Ongevallendekking

- Ongevallen- en ziektedekking

- Ongevallen-, ziekte- en routinezorgdekking (die bijdragen omvat voor vaccinaties, parasietenbestrijding, sterilisatie en tandverzorging)

Als je een oudere Labrador adopteert of aanschaft, kun je merken dat er enkele beperkingen zijn van de verzekeringsmaatschappij op je polis. Ze kunnen uitsluitingen plaatsen of een hoger eigen risico vragen bij elke claim. Ze kunnen zelfs een kleiner deel van elke claim boven het eigen risicobedrag uitbetalen, ga er daarom niet vanuit dat de standaardpolis van toepassing zal zijn op een oudere hond. Als je je Labrador pas op latere leeftijd verzekert, krijg je waarschijnlijk een minder gunstige deal dan wanneer je hem vanaf jonge leeftijd verzekerd had. Dit komt omdat de verzekeringsmaatschappij meer risico neemt, aangezien oudere honden de neiging hebben om meer aandoeningen te hebben.

Het is de moeite waard om je Labrador te verzekeren vanaf de dag dat je hem mee naar huis neemt, aangezien alle aandoeningen waarvoor hij een dierenarts bezoekt deel zullen uitmaken van zijn klinische geschiedenis, en in de toekomst zullen worden uitgesloten van claims. Omgekeerd, als je verzekering al op zijn plaats is wanneer je hond voor het eerst wordt behandeld voor een aandoening, zal hij gedekt zijn zolang de voorwaarden in je specifieke verzekeringspolis vermelden. Aangezien Labradors vatbaar kunnen zijn voor veel dure levenslange aandoeningen, wordt een levenspolis aanbevolen.

Je bent niet de enige als je het gevoel hebt dat het betalen van een huisdierenverzekering weggegooid geld is, en je zou kunnen overwegen om een speciale rekening te openen om geld opzij te zetten specifiek voor je Labrador. Helaas is het waarschijnlijk dat dit bedrag niet genoeg zal zijn voor wat je eigenlijk nodig zou kunnen hebben als je Labrador plotseling een ernstig ongeluk krijgt of een chronische, levenslange ziekte ontwikkelt. In plaats daarvan zul je waarschijnlijk merken dat een huisdierenverzekering zichzelf terugbetaalt over de levensduur van je Lab.

Een huisdierenverzekering zal veel van de zorgen over het verzorgen van je hond wegnemen, want als er iets onverwachts gebeurt, weet je dat hij gedekt is. Door een huisdierenverzekering af te sluiten en de preventieve veterinaire maatregelen te nemen die in dit hoofdstuk zijn beschreven, kun je er dus voor zorgen dat je je hond alle kansen geeft om een gezond en gelukkig leven te leiden.

HOOFDSTUK 12
Gezondheidsproblemen bij de Labrador Retriever

Zoals bij de meeste rashonden kunnen Labrador Retrievers genetisch vatbaar zijn voor bepaalde gezondheidsproblemen. Deze ontstaan door inteelt en slechte selectie van ouderdieren door fokkers. De meeste fokkers die aangesloten zijn bij de Raad van Beheer op Kynologisch Gebied in Nederland streven ernaar om genetisch gerelateerde ziekten uit te bannen door zorgvuldige genetische tests en door niet te fokken met honden die een aandoening ontwikkelen. Minder professionele fokkers en 'achtertuinfokkers' zijn echter vaak minder zorgvuldig in hun keuze van ouderdieren, waardoor de nakomelingen een grotere kans hebben op gezondheidsproblemen. Daarom is het de moeite waard om te investeren in een pup van een fokker die aangesloten is bij de Raad van Beheer en een reputatie heeft voor het fokken van kwalitatief hoogwaardige, gezonde puppy's.

Hartaandoeningen

Hartaandoeningen zijn gezondheidsproblemen die het hart of het bloedvatenstelsel treffen. Ze kunnen levensbedreigend zijn.

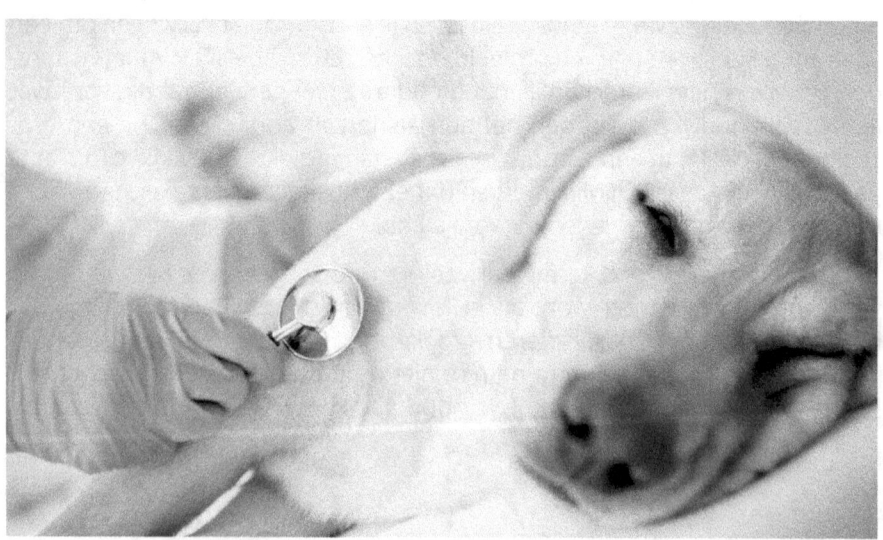

Atrioventriculair Blok

De hartspier wordt door elektrische impulsen aangezet om samen te trekken en het bloed uit het hart te pompen. Dit gebeurt in een regelmatig ritme, wat zorgt voor een regelmatige hartslag. Als het ritme verandert, afgezien van een lichte versnelling bij het inademen en vertraging bij het uitademen, wordt dit een aritmie genoemd.

Een atrioventriculair blok ontstaat wanneer alleen het bovenste deel van het hart het elektrische signaal krijgt om te kloppen, en het onderste deel niet. Hierdoor slaat het hart een deel van de hartslag over, wat een atrioventriculair (of AV) blok wordt genoemd. Soms kan dit met tussenpozen gebeuren, bekend als een tweede-graads AV-blok, en soms gebeurt het bij elke hartslag, bekend als een derde-graads AV-blok.

Symptomen zijn onder andere verminderd uithoudingsvermogen, flauwvallen en in ernstige gevallen hartfalen.

AV-blok kan worden behandeld met medicijnen die helpen het hart regelmatiger en effectiever te laten kloppen, maar in ernstige gevallen kan een pacemaker nodig zijn.

Pericardiale Effusie

Het pericard is een zakje rond het hart. Wanneer zich vocht ophoopt in het pericard, rond het hart, wordt dit een pericardiale effusie genoemd. Mannelijke Labradors lopen een hoger risico dan vrouwelijke Labradors. Er kunnen veel redenen zijn voor vochtophoping rond het hart, zoals primair hartfalen, maar bij Labradors lijkt de hoofdreden "idiopathisch" te zijn, wat betekent dat de oorzaak onbekend is.

De symptomen van pericardiale effusie houden verband met het feit dat het hart minder ruimte heeft om te pompen door de beperking van het omringende vocht. Deze omvatten collaps, vochtophoping in de buik door opstuwing van bloed dat het hart probeert binnen te komen, verminderde polsslag en zwakte.

Het vocht kan door een dierenarts uit het pericard worden afgetapt, wat de symptomen meestal verhelpt, tenzij de onderliggende oorzaak ervoor zorgt dat het vocht terugkeert.

Tricuspidalisklep Dysplasie

De tricuspidalisklep is een klep aan de rechterkant van het hart die terugstroming van bloed voorkomt wanneer de hartspier samentrekt. Tricuspidalisklep dysplasie is een misvorming van de klep, waardoor deze niet goed functioneert. Dit kan leiden tot een hartgeruis door turbulente bloed-stroom in het hart, en vergroting van de rechterkant van het hart door een overbelasting van het bloedvolume.

Klinische symptomen zijn onder andere vermoeidheid en een snelle hartslag, die uiteindelijk leiden tot symptomen van hartfalen zoals vochtop-hoping in de buik (bekend als ascites) en vocht in de longen.

De prognose is afhankelijk van de ernst van de dysplasie, maar als deze slechts mild is, kan het worden behandeld met medicatie die de pompwerking van het hart verbetert en vochtophoping in de longen en buik vermindert.

Dermatologische Aandoeningen

Dermatologische aandoeningen zijn huidaandoeningen. Hoewel ze niet levensbedreigend zijn, kunnen ze aanzienlijk ongemak veroorzaken.

Atopische Dermatitis

Atopische dermatitis, ook bekend als huidallergieën, uit zich op verschil-lende manieren. De meest voorkomende manier is jeukende huid, meest-al in de buik-, lies-, oksel- en pootregio's. Ook de gehoorgang kan ontsto-ken raken en in zeldzamere gevallen kan de darm ook ontstoken raken, wat leidt tot diarree. Er lijkt geen patroon te zijn tussen de verschillende aller-genen en de verschillende gebieden die op het lichaam ontstoken raken, maar dit varieert per individu. Allergenen kunnen voedingseiwitten zijn (zo-als kip, rundvlees, enz.), omgevingsallergenen (zoals gras, pollen, enz.) en insectenallergieën (zoals mijten, vlooien, enz.).

Het is ongebruikelijk dat een hond slechts allergisch is voor één ding; meestal zijn er meerdere allergenen bij betrokken. Ontdekken welke de boosdoeners zijn, is een proces van eliminatie. Er is de mogelijkheid om bloedonderzoek te laten uitvoeren om de reactie op verschillende allerge-nen te onderzoeken, maar deze tests kunnen duur zijn en ook niet-specifiek en niet-overtuigend in hun resultaten. Desalniettemin kunnen de resulta-ten in sommige gevallen nuttig zijn voor het vermijden van allergenen of het maken van een vaccinatie tegen de allergieën.

Naast de ontwikkeling van allergeen-vaccins zijn er verschillende be-handelingsmogelijkheden voor het beheersen van allergieën. Deze zijn ge-richt op het verminderen van ontstekingen in de huid of het verminderen van de immuunrespons, en omvatten steroïden, antihistaminica en immu-nosuppressiva. Er zijn ook manieren om de huid zo te verzorgen dat de huidbarrière in betere gezondheid verkeert en minder snel ontstoken raakt. Deze omvatten de toevoeging van omega-oliën aan het dieet, die natuurlijke ontstekingsremmers zijn en de gezondheid van de huidbarrière verbeteren, en verzachtende shampoos, zoals havermoutshampoo.

Helaas is atopische dermatitis een levenslange aandoening, dus het is belangrijk om de meest effectieve manier te vinden om het voor jouw Labrador te beheersen.

Endocriene Aandoeningen

Endocriene aandoeningen zijn aandoeningen van organen of klieren die hormonen produceren en afscheiden in het bloed, die het metabolisme, de groei, de weefselfunctie, de slaap, de stemming en de voortplanting reguleren.

Diabetes Mellitus

Diabetes mellitus is een aandoening die vaker voorkomt bij gesteriliseerde Labradors, vergeleken met honden die niet zijn gecastreerd of gesteriliseerd. Dit is het tegenovergestelde van andere rassen, waar het steriliseren van vrouwtjes de kans op diabetes juist vermindert.

Diabetes is een aandoening waarbij ofwel geen insuline wordt geproduceerd, ofwel de cellen van het lichaam niet reageren op insuline, wat resulteert in een hoog bloedglucosegehalte (suiker). Een hoog bloedsuikerge-

halte kan symptomen veroorzaken zoals verhoogde dorst, verhoogde urineproductie, een verandering in hongerniveaus (die meestal aanvankelijk verhoogd zijn en later afnemen), staar, gewichtsverlies en zwakte. Indien onbehandeld is diabetes levensbedreigend.

Diabetes wordt behandeld met insuline-injecties, die in de nekplooi worden toegediend. Er zijn slechts zeer kleine hoeveelheden insuline nodig, en de naalden zijn klein, wat betekent dat je Labrador het waarschijnlijk niet eens zal merken. De injecties worden tweemaal daags toegediend, met 12 uur ertussen, na een maaltijd. In het begin is frequente controle van de glucosewaarden door je dierenarts nodig om de insuline-injecties aan te kunnen passen tot de ideale hoeveelheid, maar zodra het ideale volume insuline is ontdekt, is de prognose goed met zorgvuldige behandeling.

Hypothyreoïdie

De schildklier produceert schildklierhormonen die het metabolisme van het lichaam regelen. De meeste gevallen van hypothyreoïdie ontstaan door de vernietiging van de schildklier, en daardoor een onvermogen om schildklierhormonen te produceren.

Het kan moeilijk zijn om te zien of je hond hypothyreoïdie heeft, omdat klinische symptomen niet-specifiek kunnen zijn. Veel voorkomende tekenen zijn gewichtstoename zonder toename van de eetlust, mentale traagheid, lethargie of onwil om te bewegen, het opzoeken van warme plekken

en veranderingen in de huid en vacht, zoals droge huid, doffe vacht, verhoogde haaruitval, dunner wordend haar en huidinfecties.

Je dierenarts kan hypothyreoïdie testen met een bloedonderzoek, en aanvulling met orale schildklierhormonen resulteert meestal in een grote verbetering van de symptomen.

Spijsverteringsaandoeningen

Het spijsverteringsstelsel bestaat uit alle organen die betrokken zijn bij de voedselopname en het metabolisme, waaronder de maag, darmen, alvleesklier en lever. Aandoeningen van het spijsverteringsstelsel kunnen variëren in ernst en kunnen verschillende symptomen veroorzaken.

Portosystemische Shunt

De lever is essentieel voor het omzetten van voedingsstoffen in bruikbare vormen en het omzetten van afvalproducten en gifstoffen, klaar om uit het lichaam te worden uitgescheiden. Maar wanneer een puppy een foetus is, hoeft de lever geen werk te doen, omdat er geen voedsel wordt gegeten. Daarom wordt het bloed via een omleiding langs de lever geleid, om de weerstand te verminderen en de bloedstroom te vergemakkelijken.

Tegen het einde van de zwangerschap sluit deze shunt zich, en wordt de lever functioneel. De Labrador Retriever heeft echter een verhoogd genetisch risico dat de portosystemische shunt blijft bestaan, wat resulteert in een verminderd gebruik van de lever. Dit kan leiden tot een gevaarlijke ophoping van ammoniak uit verteerde eiwitten, wat grote gevolgen kan hebben voor het lichaam. Symptomen zijn onder andere verhoogde dorst, braken, diarree en het hoofd tegen muren drukken (door een aandoening die hepatische encefalopathie wordt genoemd).

Chirurgie om de shunt te sluiten is de voorkeursbehandeling, maar voor sommige honden moet de aandoening medisch worden behandeld met medicijnen om de vochtophoping in de hersenen te verminderen en neurologische verschijnselen te verminderen, in combinatie met een dieet dat arm is aan eiwitten om ammoniak te verminderen.

Orthopedische Aandoeningen

"Labs staan bekend om heup- en elleboogproblemen. Daarom is het belangrijk om een fokker te vinden die de nodige gezondheidscontroles doet. Zelfs met de juiste tests is er nog steeds een kans dat je puppy gewrichtsproblemen krijgt, maar die kans is veel kleiner. Het handhaven van een goed dieet en het beperken van beweging tot ze volledig volgroeid zijn, is de beste manier om te voorkomen dat je puppy gewrichtsproblemen krijgt."

Kathy Jackson
Karemy Labs

Orthopedische aandoeningen zijn alle aandoeningen die het bewegingsapparaat van het lichaam beïnvloeden. Dit omvat botten, gewrichten, spieren, ligamenten en pezen. Het zijn vaak pijnlijke aandoeningen.

Kruisbandletsel

Er zijn twee kruisbanden die de knie (het equivalent van de knie van de hond) bij elkaar houden. De voorste kruisband, die aan de voorkant zit, kan echter vatbaar zijn voor letsel. Dit veroorzaakt instabiliteit in het kniege-

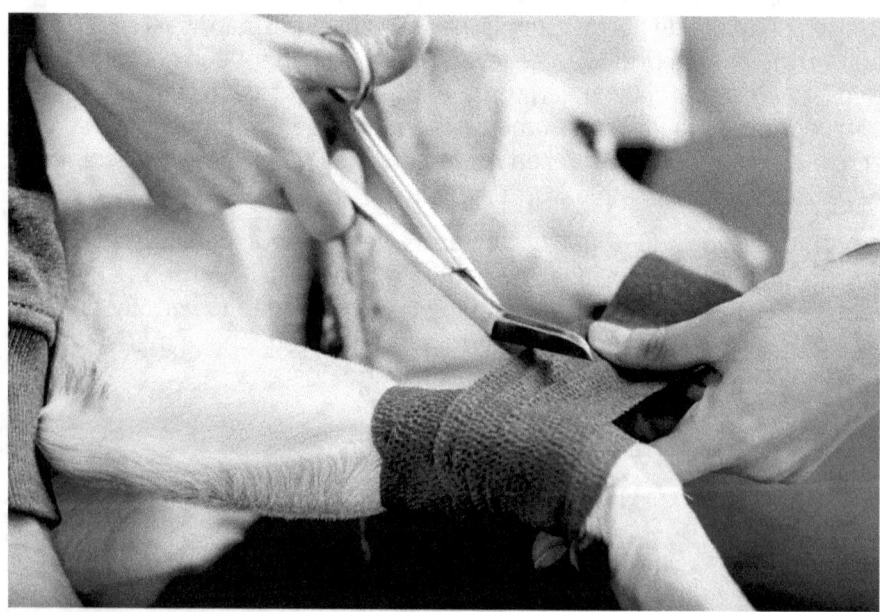

wricht en aanzienlijk ongemak. Degenen met een hoger risico zijn gesteriliseerde Labradors, vooral mannetjes, en honden ouder dan vier jaar.

Kruisbandletsels kunnen een gedeeltelijke of volledige scheur zijn, en zullen resulteren in kreupelheid waarbij je Labrador waarschijnlijk zal proberen om geen gewicht op de poot te zetten. Ze kunnen worden behandeld met verschillende chirurgische technieken, of strikte hokrust, maar bij grotere honden zoals een Labrador zal een operatie een beter resultaat opleveren.

Gewrichtsdysplasie, Osteochondrose en Osteoartritis

Gewrichtsdysplasie van de heup of elleboog is een veel voorkomende aandoening bij grote hondenrassen, en de Labrador is een van de meest vatbare. De heup is een kogelgewricht waarbij de kop van het dijbeen (bal) in een kom in het bekken past. Normaal gesproken zou dit een perfecte match moeten zijn, zoals puzzelstukjes, maar wanneer een hond heupdysplasie heeft, is ofwel de bal ofwel de kom misvormd. Wanneer de vormen niet goed bij elkaar passen, betekent dit dat het gewricht minder stabiel is wanneer het beweegt. In ernstige gevallen van heupdysplasie kan de bal uit de heupkom luxeren tijdens beweging, wat resulteert in een wiebelende, zwaaiende gang als je van achteren kijkt.

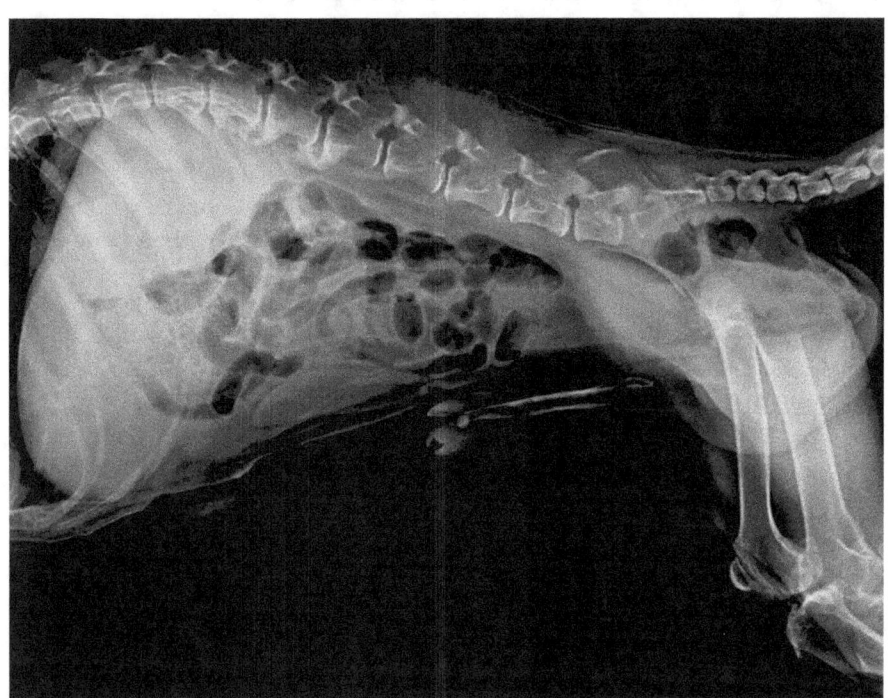

Elleboogdysplasie daarentegen heeft veel verschillende elementen. Het is niet zo'n eenvoudig gewricht als de heup, en binnen de elleboogdysplasie kunnen er meerdere afwijkingen in de ontwikkeling zijn. Het meest voorkomende probleem bij elleboogdysplasie is osteochondrosis dissecans (OCD). Dit is wanneer een flap van gewrichtskraakbeen loskomt van het binnenste gewrichtsoppervlak. Daarnaast kunnen verschillende delen van de botten die betrokken zijn bij het gewricht losraken. Deze staan bekend als een niet-verenigde processus anconeus (UAP) en een gefragmenteerde mediale processus coronoideus (FMCP). Dit leidt uiteindelijk tot kreupelheid of een ongewone gang.

Gewrichtsdysplasie wordt meestal gediagnosticeerd op basis van röntgenfoto's of artroscopie; de meeste dierenartsen kunnen echter een goed idee hebben dat een hond mogelijk lijdt aan heup- of elleboogdysplasie op basis van een eenvoudig klinisch onderzoek. Het is het beste om op jonge leeftijd te begrijpen of een hond dysplasie heeft of niet, want als het onopgemerkt blijft, zal osteoartritis in een vroeg stadium optreden, wat verder wordt besproken in hoofdstuk 16. Dit kan worden beperkt met veranderingen in levensstijl, zoals je hond gecontroleerd uitlaten met minimaal springen, en fysieke therapieën, zoals hydrotherapie, om spieren op te bouwen. Gewrichtssupplementen helpen ook bij het onderhouden van de gewrichtsgezondheid. Het gewicht van de hond speelt ook een grote rol bij het beheren van de gewrichten, aangezien een lichtere hond minder zwaartekracht op de gewrichten zal hebben, en daardoor minder stress. Onvermijdelijk zullen alle honden met gewrichtsdysplasie ooit osteoartritis krijgen. Het doel is echter om dit zo lang mogelijk te vermijden.

Voor ernstige gevallen van zowel elleboog- als heupdysplasie is een operatie een optie om het gewricht te verbeteren. Bij elleboogdysplasie omvat de operatie meestal het verwijderen van bot- of kraakbeenfragmenten. Soms kan een UAP opnieuw worden bevestigd met behulp van schroeven als de operatie op zeer jonge leeftijd wordt uitgevoerd. Bij heupdysplasie kan het heupgewricht worden aangepast door de kop van het dijbeen te verwijderen, opnieuw vorm te geven en terug te plaatsen, of volledig te verwijderen. Bij zowel heup- als elleboogdysplasie is totale gewrichtsvervanging de gouden standaard chirurgische behandeling, maar met implantaten kan dit veel kosten, omdat deze operatie de enorme vaardigheid van de chirurg en dure implantaatonderdelen vereist.

Voorkomen is beter dan genezen. Koop daarom een pup van een fokker die de gewrichten van de ouders heeft laten röntgenen en beoordelen, zodat je slechte genetica voorkomt — zoals besproken in hoofdstuk

4. Heup- en elleboogscoring kan worden gedaan via de Raad van Beheer in Nederland.

Slappe Staart

Slappe staart staat ook bekend als 'roerstaart', 'zwemmersstaart', 'koudwaterstaart', 'slappe staart' en 'gebroken kwispel'. Het is wanneer de staart slap wordt en er minimale beweging in zit. Dit is meestal onmiddellijk duidelijk bij een Labrador, aangezien hun staarten vaak nonstop kwispelen.

De aandoening is meestal pijnlijk, en je kunt wat zwelling aan de basis van de staart opmerken, waar de staartspier zit. Het komt vooral voor bij werkhonden of honden die vaak zwemmen. Hoewel de oorzaak en het genetische aspect niet volledig duidelijk zijn, lijkt een spierletsel in de staart een rol te spelen. De aandoening lost meestal vanzelf op binnen enkele dagen tot weken, maar je dierenarts zal waarschijnlijk wat ontstekingsremmers voorschrijven om je hond te helpen met het ongemak.

Panosteïtis

Panosteïtis is een aandoening van jonge (6-16 maanden oude), snel groeiende, grote hondenrassen, die kan worden vergeleken met groeipijn. Er wordt gedacht dat genetica, stress en auto-immuunaandoeningen allemaal verband houden met de ontwikkeling ervan; de onderliggende oorzaak is echter nog steeds onbekend.

Symptomen zijn onder andere kreupelheid, pijn, koorts, gebrek aan eetlust en ongemak bij het voelen van de lange botten van de poten. Soms is slechts één bot aangetast, en andere keren zijn meerdere botten betrokken.

De behandeling is gericht op het verlichten van pijn; de aandoening is echter zelflimiterend en verdwijnt vanzelf.

Kankers

Kanker is een eng woord; niet alle tumoren zijn echter hetzelfde. Sommige verspreiden zich snel door het lichaam, wat resulteert in een aanzienlijke verkorting van de levensduur, terwijl andere zich zeer langzaam of helemaal niet verspreiden. Labradors zijn vatbaar voor verschillende soorten tumoren, waarvan sommige goedaardig zijn, en andere agressief.

Hemangiosarcoom

Een hemangiosarcoom is een tumor die vasculair van oorsprong is, wat betekent dat hij gevuld is met bloed en vaak rood van kleur. Ze verschijnen meestal bij oudere honden, en bij Labradors is de gemiddelde leeftijd voor het ontwikkelen van een hemangiosarcoom (indien überhaupt ontwikkeld) 10 jaar.

Soms kan het moeilijk zijn om te weten of je Lab een hemangiosarcoom heeft, omdat ze niet altijd zichtbaar zijn op de huid. Ze kunnen zich ook op de milt of lever ontwikkelen, of zich vanuit de huid naar deze organen verspreiden.

Chirurgie om de tumoren te verwijderen is de voorkeursbehandeling, en dit moet zo vroeg mogelijk worden gedaan, aangezien ze ontstaan uit de bloedvaten en zich zeer gemakkelijk via het bloed naar andere organen kunnen verspreiden.

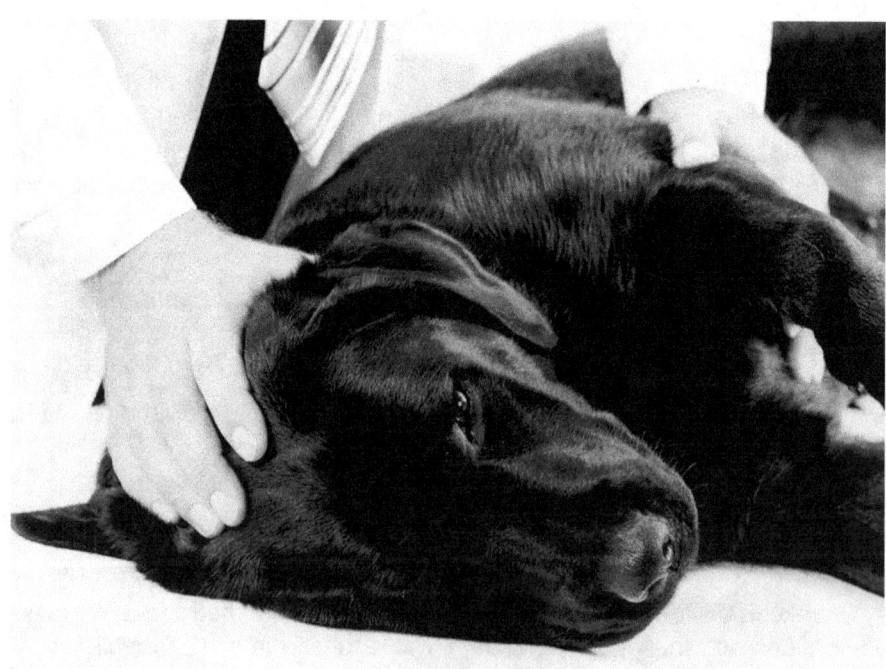

Lipoom

Een lipoom is een goedaardige tumor van de huid, afkomstig van vetcellen. Ze komen over het algemeen voor bij obese dieren, en Labradors zijn vatbaar voor obesitas. Het zijn meestal zachte en ronde tumoren, die bewegen als je ze aanraakt.

Hoewel lipomen goedaardig zijn en niet levensbedreigend, kunnen ze uitgroeien tot een zeer grote omvang, wat resulteert in ongemak voor je hond.

Chirurgie is genezend, en zolang de tumor volledig wordt verwijderd, zal de tumor niet terugkomen.

Mastceltumor

Mastceltumoren zijn afkomstig van mestcellen, en ontwikkelen zich meestal eerst in de huid, voordat ze zich verspreiden naar interne organen. De meest voorkomende plaatsen zijn de buik en op de ledematen.

Mestcellen zijn witte bloedcellen die histamine vrijgeven, waardoor deze tumoren mogelijk jeukend of oncomfortabel zijn, en ook in grootte toe- en afnemen. Ze worden beoordeeld op een schaal van I-III, waarbij I laaggradig is, en III agressief en hooggradig. De graad van de tumor bepaalt hoe waarschijnlijk het is dat deze zich door het lichaam verspreidt en problemen veroorzaakt.

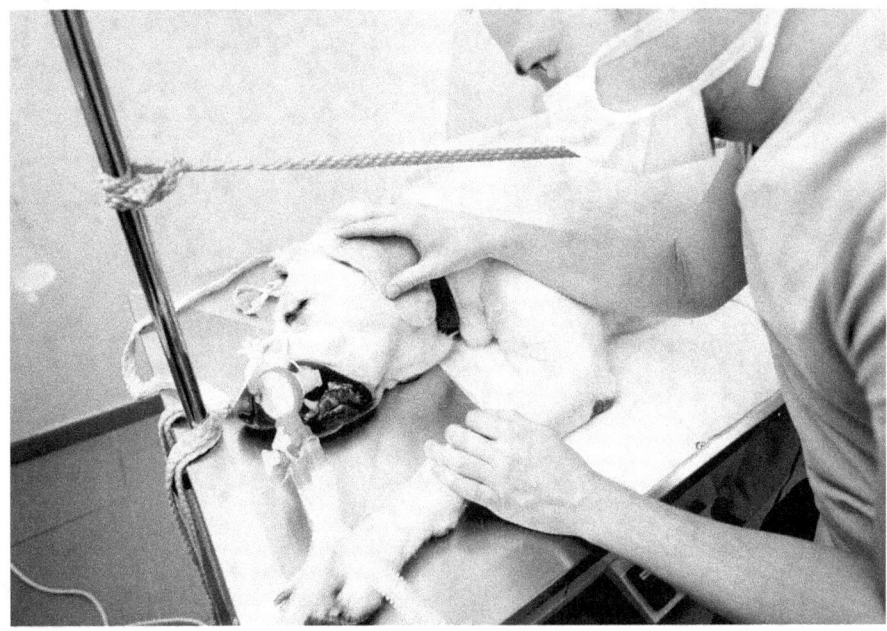

Chirurgische verwijdering is de voorkeursbehandeling. Voor graad II of III tumoren, of tumoren met bewijs van verspreiding door het lichaam, kan dit echter worden gevolgd door chemotherapie.

Osteosarcoom

Een osteosarcoom is een bottumor, die agressief kan zijn. De meest voorkomende aangetaste botten zijn de radius, de humerus, het dijbeen of de tibia. Het meest voorkomende klinische teken is kreupelheid, in combinatie met zwelling van het bot.

Aangezien de aangetaste botten meestal de botten van het been zijn, kan amputatie van het been noodzakelijk zijn, gevolgd door chemotherapie. De prognose is echter nog steeds slecht: onbehandelde honden leven niet langer dan een paar maanden, en honden die een operatie hebben ondergaan, leven gemiddeld slechts vijf maanden langer.

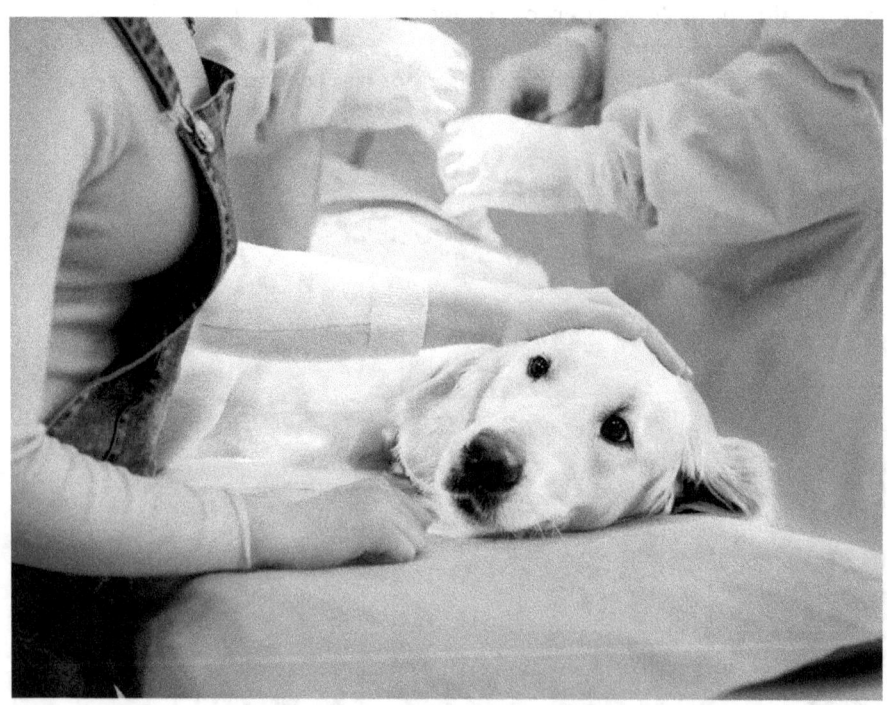

Neurologische Aandoeningen

Neurologische aandoeningen die zich op jonge leeftijd manifesteren, zijn vaak erfelijk. Dit zijn aandoeningen die de hersenen en het ruggenmerg aantasten. Aandoeningen die later in het leven verschijnen, hebben minder kans om gekoppeld te zijn aan genetica.

Epilepsie

Epilepsie is een aandoening die aanvallen veroorzaakt, maar niet alle aanvallen worden veroorzaakt door epilepsie. Andere oorzaken van aanvallen, zoals hersenafwijkingen, encefalitis en hepatische encefalopathie, moeten eerst worden uitgesloten, voordat een diagnose van epilepsie kan worden gesteld.

Hoewel aanvallen traumatisch kunnen zijn voor zowel jou als je Labrador, zijn er medicijnen beschikbaar om de frequentie van de aanvallen te verminderen en je Lab een relatief normaal leven te laten leiden. Als de aanval echter langer dan vijf minuten duurt, of aanvallen in clusters komen (meerdere in een korte tijd), is dit een indicatie dat je je Labrador dringend naar de dierenarts moet brengen voor een herbeoordeling.

Oogaandoeningen

Oogaandoeningen hebben betrekking op aandoeningen van alle structuren in het oog.

Staar

Staar is een aandoening van de lens in het oog, waarbij deze wit en ondoorzichtig wordt, wat leidt tot blindheid. De lens is het deel van het oog dat van vorm verandert om het licht op de juiste manier op de achterkant van het oog te kunnen richten. Als dit niet werkt, wordt het zicht wazig. Staar is wanneer de lens ondoorzichtig begint te worden. Sommige honden ontwikkelen het in slechts één oog, en andere honden ontwikkelen het bilateraal.

Een dierenarts zal staar diagnosticeren door in het oog te kijken met een oftalmoscoop. Dit is een apparaat dat licht in het oog schijnt en het terugkaatst naar een vergrootglas. Als het licht helemaal naar de achterkant van het oog schijnt, waar het netvlies zit, dan is de lens normaal. Als het licht echter weerkaatst van de lens, dan heeft deze staar ontwikkeld.

Nucleaire sclerose ziet er voor het blote oog zeer vergelijkbaar uit met staar. Dit is een normale verdichting van de lensvezels, wat gebeurt met de leeftijd. Het is echter niet ondoorzichtig, en daarom kan een dierenarts met de oftalmoscoop helemaal naar de achterkant van het oog kijken.

Er is niets medisch dat op het oog kan worden aangebracht voor staar. Een veterinaire oogarts kan echter de lens vervangen in een verwijzingsziekenhuis, maar dit is een ongebruikelijke operatie en vereist uitgebreide technische expertise.

Progressieve Retina Atrofie

Afgekort tot PRA, is progressieve retina atrofie een recessief erfelijke ziekte. Er kan op worden getest bij fokdieren, en het is de verantwoordelijke zaak om te doen voor iedereen die van plan is om een Labrador te fokken.

Het veroorzaakt geleidelijk gezichtsverlies, dat begint met nachtblindheid. Dit komt doordat de achterkant van het oog, bekend als het netvlies, geleidelijk verslechtert.

Er is geen behandeling voor PRA, en het zal altijd leiden tot blindheid van beide ogen. Uiteindelijk is dit geen doodvonnis, aangezien honden gelukkig kunnen leven zonder zicht, vooral hoogst intelligente honden zoals de Labrador.

Urinewegaandoeningen

Urinewegaandoeningen zijn aandoeningen die de nieren, blaas of de buizen die ze verbinden, bekend als de ureters en urethra, aantasten.

Ectopische Ureters

De ureter is de buis die urine van de nieren naar de blaas voert, waar het wordt opgeslagen totdat er genoeg is voor de hond om het te lozen. Het woord ectopisch betekent buiten, en ectopische ureters zijn precies dat— de ureters eindigen buiten de blaas, meestal in de urethra, wat de buis is die de urine van de blaas naar buiten het lichaam voert. Als gevolg hiervan zullen honden met ectopische ureters voortdurend urine lekken. Over het algemeen komt de aandoening vaker voor bij vrouwtjes, en is meestal duidelijk voor de leeftijd van één jaar.

Er is niets medisch wat aan de aandoening kan worden gedaan, en een operatie is de enige optie om de anatomische afwijking te corrigeren. Tijdens het wachten op de operatie moet het haar kort worden gehouden rond het gebied waar de urine lekt om urineverbranding te voorkomen, en het gebied moet regelmatig worden schoongemaakt.

Ademhalingsaandoeningen

Ademhalingsaandoeningen zijn aandoeningen die de ademhaling van je Labrador beïnvloeden. Ze kunnen de neus, neusgaten, keel (larynx en farynx), luchtpijp, bronchiën en longen aantasten.

Larynxparalyse

De larynx is het kraakbeen aan de bovenkant van de keel dat de opening naar de longen regelt. Wanneer een hond lijdt aan larynxparalyse, opent één of beide zijden van de larynx niet volledig bij het inademen, waardoor de luchtweg vernauwt. Symptomen zijn onder andere hoesten, stemveranderingen en luid ademen, en in ernstige gevallen kan het ademhalingsmoeilijkheden en collaps veroorzaken.

De behandeling omvat het verlichten van tekenen van een vernauwde luchtweg, wat in sommige gevallen kan worden gedaan met ontstekingsremmers. Ernstige gevallen kunnen een tracheotomie vereisen. Er kan een operatie worden uitgevoerd om de luchtweg meer te openen, en dit heeft een goed slagingspercentage.

***

Labrador Retrievers zijn vatbaarder voor gezondheidsproblemen dan de gemiddelde rashond, maar dat wil niet zeggen dat alle Labradors in hun leven een aandoening zullen ontwikkelen. Niettemin is het belangrijk om te begrijpen voor welke aandoeningen Labradors vatbaar zijn, zodat je je ervan bewust kunt zijn en eventuele symptomen vroeg kunt herkennen. Op die manier heeft je Lab de beste prognose voor de toekomst.

HOOFDSTUK 13
Werken

"Bovenal is de Labrador veelzijdig. Onze honden zijn terechtgekomen in lawinereddingswerk, als hulphond, als jachthond of gewoon als gezinshond."

Kathy Jackson
Karemy Labs

Hoewel de Labrador Retriever heel gelukkig is als gezinshond, heeft het ras een lange geschiedenis in de werkwereld. De aangeboren behagelijke aard, trainbaarheid en intelligentie van de Labrador betekent dat hij alles kan leren waar hij zijn zinnen op zet. Ook al lijkt het misschien dat je rustige metgezel liever naast je komt zitten, diep vanbinnen schuilen instincten die hem ook tot een uitstekende metgezel in de werkwereld maken. Of je nu wel of niet van plan bent om een werkende Labrador te hebben, dit hoofdstuk helpt je te begrijpen hoe aanpasbaar en bekwaam de Labrador Retriever werkelijk is.

Foto met dank aan
Mike Valant

Foto met dank aan
Anne Lowry

Veldwerk

Labrador Retrievers staan bekend als jachthonden. Toen het ras in de 19e eeuw van Newfoundland naar het Verenigd Koninkrijk kwam, was hun oorspronkelijke rol die van metgezel voor jagers. De retriever-subgroep binnen de jachthondencategorie omvat de Labrador Retriever, Golden Retriever, Flatcoated Retriever en Chesapeake Bay Retriever. Hoewel ze allemaal erg op elkaar lijken, zijn Labradors duidelijk het populairst. Dit komt doordat ze uitstekend wild kunnen vinden, ze buitengewoon trainbaar zijn, en hun bek zeer zacht is, waardoor het wild niet beschadigd raakt wanneer ze het oppakken. Daarnaast zijn Labradors taai, met een waterdichte vacht, en atletisch genoeg om lange dagen in het veld te doorstaan.

De belangrijkste taak van een Labrador in het veld is het terugbrengen van geschoten wild naar zijn baas. Dit is een belangrijke taak, want niet alleen is het moeilijk voor een jager om wat hij heeft geschoten op te halen zonder het omliggende gebied en toekomstig wild voor de jacht te verstoren, maar het zorgt er ook voor dat gewond wild snel wordt opgehaald en humaan wordt afgemaakt.

Er zijn enkele kleine verschillen in de manier waarop veldwerk wordt uitgevoerd tussen de VS en het VK. In de VS worden Labradors geacht zowel hooglandwild als watervogels te apporteren. Beide zijn populaire vormen van jacht, en van Labradors wordt regelmatig verwacht dat ze zwemmen

*Foto met dank aan
Robert Cassidy
Cassidy Photography*

om wild op te halen. Sommige Amerikaanse Labradors hebben ook geleerd om te voorstaan, om hun eigenaren te helpen het wild te vinden, maar dit wordt tegenwoordig vooral overgelaten aan Setter- en Pointerrassen.

In het VK staan apporterende honden bekend als "peg dogs" en wachten ze op een signaal van de "guns" (degenen die schieten) om wild te apporteren. Labradors kunnen ook worden gebruikt door een team van "pickers up", die de "beaters" volgen die Spaniëls gebruiken om de vogels op te jagen. Het grootste deel van deze jacht vindt plaats op het vasteland, waar meestal op fazanten, korhoenders, patrijzen en houtsnippen wordt gejaagd.

Wildfowling is een minder voorkomend type jacht in het VK, in tegenstelling tot de VS waar de jacht op watervogels erg populair is. Maar Groot-Brittannië heeft een uitgebreide kustlijn en volop mogelijkheden om op ganzen en eenden te jagen aan de kust. Labradors blinken uit in het apporteren van deze soorten vogels, en zwemmen in koud water schrikt hen niet af.

Als je eraan denkt om met je Labrador te gaan jagen, is het niet moeilijk om je Labrador te trainen voor een werkende rol. Gehoorzaamheid is essentieel, en de basiscommando's 'zit', 'volg' en 'hier' zijn van vitaal belang. Bij het werken in het veld worden de meeste signalen gegeven met de hand of een fluitje. De beste manier om deze te leren is door voortdurend te oefenen met dummies en veel mee te lopen met meer ervaren jachthondentrainers. Formele jachthondentraining moet niet beginnen voordat de hond ten minste zes of zeven maanden oud is, en de training kan worden uitbesteed aan een professionele jachthondentrainer als je onervaren bent.

Als je graag met je Labrador in het veld wilt werken, maar geen jager bent, dan zijn Field Trials misschien de moeite waard om te verkennen. In de VS is een 'hunt test' een niet-competitieve beoordeling voor jachthonden. Er is een reeks vooraf bepaalde apporteerproeven die elke hond onder dezelfde omstandigheden moet proberen. In het VK zijn 'gun dog working tests' (GWTs) echter competitief en kunnen verschillende soorten apporteerproeven voor elke deelnemende hond gebruiken. Ze gebruiken zowel dode vogels als dummies. De keurmeester let op het vermogen van de hond om wild te vinden, goede manieren en een zachte bek.

De beste manier om te beginnen met het trainen en werken van je Labrador in Nederland is door contact op te nemen met een jachthondenvereniging, zoals ORWEJA of de Koninklijke Nederlandse Jagersvereniging.

Hulphonden voor Mensen met een Beperking

De zachte aard en hoge intelligentie van een Labrador maken hem perfect om getraind te worden als hulphond voor mensen met een beperking.

Labradors zijn verreweg het populairste ras voor blindengeleidehonden. Hun werk stelt hun eigenaren in staat een zelfstandiger leven te leiden en meer betrokken te zijn bij hun gemeenschap.

De training van een blindengeleidehond kan tienduizenden euro's kosten, en het wordt voornamelijk gedaan via non-profitorganisaties, dus het is geen lichte verbintenis voor een Labrador om te beginnen aan de weg naar training voor deze belangrijke rol. De meeste blindengeleidehonden komen uit speciale fokprogramma's, gericht op het produceren van puppy's met alle vereiste eigenschappen en een schone gezondheidsverklaring. Vanaf acht weken beginnen de honden met informele training. Tot 12-18 maanden worden ze geïntroduceerd in verschillende omgevingen en voortdurend beoordeeld om te zien of hun karakter geschikt is voor het werk van een blindengeleidehond. Als ze deze fase doorstaan, gaan ze naar de formele training. Maar ook al is de formele training intensief, ze leven nog steeds in een thuisomgeving en krijgen tijd om te spelen, te wandelen en te rusten zoals elke andere hond. Als ze twee jaar oud zijn, worden ze gekoppeld aan hun nieuwe eigenaar, die ook een training zal hebben gevolgd.

Hoewel de meeste mensen bij het trainen van een Labrador voor iemand met een beperking aan blindengeleidehonden denken, kunnen Labradors ook uitstekende hulphonden zijn voor verschillende aandoeningen. Labradors kunnen alledaagse voorwerpen oppakken die moeilijk te bereiken of op te pakken zijn, zoals telefoons, portemonnees en sleutels. Ze kunnen ook helpen bij het aankleden, post ophalen, de wasmachine vullen, deuren openen, op de knop van een voetgangersoversteekplaats drukken, hun eigenaren waarschuwen voor een geluid en, essentieel, een geweldige bron van gezelschap bieden. Daardoor kan een hulp-Labrador zijn eigenaar helpen zich minder geïsoleerd te voelen en een groter gevoel van onafhankelijkheid te hebben.

Labradors worden ook vaak gebruikt als ondersteuningshonden voor kinderen met autisme of mensen met emotionele problemen. Ze kunnen ook eigenaren met medische aandoeningen ondersteunen en eigenaren waarschuwen voor naderende aanvallen, een daling van de bloedsuikerspiegel bij diabetici en vele andere medische noodsituaties. Ze worden ook vaak gebruikt als therapiehonden, die ziekenhuizen, verzorgingstehuizen en zorginstellingen bezoeken voor korte interacties.

*Foto met dank aan
Autumn Paige Steed*

*Foto met dank aan
Lisa Higbee*

Het is geen wonder dat Labradors zo populair zijn in de rol van hulphond, aangezien ze ongelooflijk veelzijdig zijn in hun vaardigheden.

Zoek- en Reddingswerk

Na natuurrampen, zoals aardbevingen, lawines en tornado's, kunnen Labradors worden ingezet als zoek- en reddingshonden om tekenen van leven te helpen detecteren die onder het puin begraven liggen. Hun uitstekende neus, nauwkeurig gehoor, trainbaarheid en lichte voetstappen helpen hen om door rampgebieden te navigeren met meer behendigheid en zekerheid dan mensen dat zouden kunnen. In deze situaties is tijd van essentieel belang en kan het verschil betekenen tussen leven en dood, dus het feit dat een Labrador het werk van een team mensen kan doen, maakt hen tot de onbezongen helden van de reddingsoperatie.

Labradors kunnen ook worden ingezet bij het zoeken naar vermiste personen. Hieronder vallen mensen die van huis zijn weggelopen, verdwaalde wandelaars, of oudere of verwarde mensen die niet weten waar ze zijn.

Officiële zoek- en reddingstraining begint rond de 18 maanden en duurt tussen de zes maanden en twee jaar. De begeleider doorloopt ook deze training, en het is belangrijk dat er een echte band is tussen de Labrador en de begeleider om effectief te zijn.

Politie- en Krijgsmachthonden

Bij de krijgsmacht kunnen Labradors hun uitzonderlijke reukvermogen gebruiken om stukjes explosief materiaal op te sporen. Ze worden zeer gewaardeerd voor het redden van vele levens van zowel soldaten als burgers van onontplofte IED's en actieve mijnenvelden.

Ze kunnen ook dienen in andere wetshandhavingsrollen. Politie- en douanebeambten zetten regelmatig Labradors in om drugs en andere illegale items op te sporen, zoals wapens, explosieven en zelfs mensen die het land worden binnengebracht. Labradors zijn regelmatig te zien bij politieagenten op luchthavens en veerterminals. Hoewel ze niet de natuurlijke agressie bezitten van politiehonden die beschermingstaken uitvoeren, zoals Duitse Herders, is hun uitstekende neus de reden waarom veel Labradors worden ingezet als gespecialiseerde speurhonden.

Wanneer een speurhond een doelgeur oppikt, zal hij zijn begeleider een signaal geven. Dit is meestal ofwel krabben naast het object, of gaan zitten. Een begeleider van een speurhond moet volledig afgestemd zijn op de taal van zijn hond, om al zijn signalen op te pikken.

Een speurhond kan snel en gemakkelijk grote gebieden onderzoeken. Een normale grensbewaker kan een voertuig in 20 minuten doorzoeken, terwijl een speurhond slechts vijf minuten nodig heeft. Dit zorgt ervoor dat het verkeer kan blijven doorstromen en de grens geen lange vertragingen ondervindt.

***

Dankzij het goede karakter en de trainbaarheid van de Labrador kunnen ze bijna elke taak aan die van hen wordt gevraagd. De meeste werkhonden zijn voorbestemd voor hun rollen; dat betekent echter niet dat een geredde Labrador of je huisdier-Labrador niet in staat is om het werk te doen. De intelligentie van het ras is ongeëvenaard, en dit is iets dat je optimaal kunt benutten bij het trainen van je Labrador thuis.

HOOFDSTUK 14
Fokken

De beslissing om te fokken

Labradors zijn een van de populairste hondenrassen ter wereld en daardoor ook een van de meest gefokte rassen. Het kan verleidelijk zijn om, als je een Labrador hebt, met je hond te willen fokken. Labrador-puppy's zijn immers niet alleen schattig, maar er is ook veel vraag naar, waardoor je gemakkelijk nieuwe baasjes voor ze kunt vinden.

Toch zijn dit geen goede redenen om met je Labrador te fokken. Labradors hebben een groot aantal erfelijke aandoeningen. Dit komt door onzorgvuldig fokken, slechte keuzes van fokpartners en gebrek aan kennis over genetisch gerelateerde gezondheidsproblemen. Alleen omdat je Labrador een geweldig karakter heeft, betekent nog niet dat het een ideale Labrador is om mee te fokken.

Labrador-puppy's kunnen een hoge prijs opleveren, maar je moet niet te snel aannemen dat je veel geld kunt verdienen aan een nest. Je moet investeren in genetische tests, heup- en elleboogscores, en uitstekende voeding voor je Labrador tijdens de dekking en dracht. Dit kan duizenden euro's kosten, en er is altijd het risico van een spoedkeizersnede als je hond moeite heeft met de bevalling, wat nog eens enkele duizenden euro's extra zou kosten. Met het fokken van puppy's verdien je zeker geen snel geld.

Fokken vereist uitgebreide kennis, tijd en geld. Als je overweegt om een toegewijde Labrador Retriever-fokker te worden, dan geeft dit hoofdstuk je wat basiskennis om je op weg te helpen. Het kan ontzettend bevredigend zijn om bij te dragen aan het verbeteren van de genetica van het Labrador-ras met een gezond, indrukwekkend nest nakomelingen, maar zorg er eerst voor dat je om de juiste redenen met je hond fokt.

Dekking

Als je hebt besloten dat je je Labrador wilt laten dekken, of je nu een reu of een teef hebt, moet je eerst zorgen dat je Labrador gezond is en van hoge genetische kwaliteit. Je dierenarts moet röntgenfoto's maken voor heup- en elleboogscores, en bloedonderzoek doen voor genetische tests. Tests kunnen onder andere betrekking hebben op centronucleaire myopathie, inspanningsgeïnduceerde collaps, erfelijke nasale parakeratose, progressieve retina-atrofie en skeletdwerggroei. Een positieve test betekent niet dat je Labrador ooit ziek zal worden, maar het betekent wel dat er een kans bestaat dat de puppy's van je Labrador een ziekte kunnen ontwikkelen. De resultaten worden geclassificeerd als vrij, drager (waarbij er één normaal gen en één gemuteerd gen is, waardoor de helft van de nakomelingen aangedaan kan zijn), of aangedaan (waarbij er twee gemuteerde genen zijn). Het wordt ook aanbevolen dat je Labrador een specialistisch oogheelkundig onderzoek ondergaat.

Als je alle vereiste tests hebt uitgevoerd en de resultaten goed zijn, dan kun je op zoek gaan naar een partner voor je hond. Een partner moet ook goede testresultaten hebben. Ze moeten ook geen bloedlijn hebben met overmatige inteelt, wat te zien is aan herhaalde namen in de stamboom.

Als je een vrouwelijke Labrador hebt, kan ze alleen gedekt worden wanneer ze loops is. Dit wordt ook wel 'hengstig' of 'in oestrus' genoemd, en deze termen worden door elkaar gebruikt. Gemiddeld gebeurt dit ongeveer elke zes maanden en duurt het ongeveer een week. De rest van de tijd is je hond reproductief inactief en zal ze niet zwanger kunnen worden. Tekenen dat je Labrador loops is, zijn zwelling en roodheid van de vulva, een lichte

bloederige afscheiding en aantrekkelijkheid voor reuen. Als je ver moet reizen naar de dekreu, kan het al te laat in de cyclus van je hond zijn (tegen de tijd dat je het opmerkt) om naar de dekreu te reizen. Dit kan worden ondervangen met bloedonderzoek. Je dierenarts kan bloedonderzoek doen om te bevestigen in welke fase van haar cyclus ze is, en de beste dagen voor haar dekking voorspellen om de kans op bevruchting te vergroten. Als ze klaar is, zal de dekreu haar bestijgen en zich daarna omdraaien om van haar af te staan. Dit staat bekend als een 'dekknoop'. Als de honden tijdens deze knoop met geweld worden gescheiden, kan dit aanzienlijke schade aan de dekreu veroorzaken.

Je hond moet haar eerste loopsheid hebben gehad voordat ze wordt gedekt. Ze kan worden gedekt tussen haar tweede loopsheid tot een leeftijd van vijf jaar. Daarna wordt het niet aanbevolen om je hond verder te laten fokken, aangezien het produceren van een nest puppy's het lichaam onder grote druk zet, wat een oudere hond mogelijk niet aankan.

Dracht

Na de dekking zul je begrijpelijkerwijs ongeduldig zijn om te weten of je hond drachtig is. De dracht duurt iets meer dan twee maanden, ongeveer 63 dagen, maar het is moeilijk om in een vroeg stadium te weten of ze bevrucht is. Een bloedtest kan worden uitgevoerd op dag 22, maar een min-

der invasieve echoscan is beter, die vanaf dag 42 kan worden gedaan. Het is moeilijk om te weten hoe groot het nest zal zijn zonder een röntgenfoto om de foetale skeletten te tellen; dit moet echter niet routinematig worden uitgevoerd, omdat het de foetale ontwikkeling kan schaden.

Dracht is belastend voor het lichaam en daarom moet je je Labrador voorzien van de beste kwaliteit voeding om gezond te blijven. Dit moet een energierijke voeding zijn, en tegen het laatste deel van de dracht kan dit puppy-voeding zijn. Dit zal haar meer calcium geven voor de ontwikkelende botten van de puppy's, evenals calcium om melk te beginnen produceren. Je hond kan dagelijks worden uitgelaten, maar niet overmatig. Twintig minuten is ideaal, en je moet springen en ongecontroleerd rennen ontmoedigen. Ze moet ook voldoende tijd krijgen om te rusten.

Wanneer je hond in haar laatste week van de dracht is, zullen haar tepels zwellen, klaar om melk te produceren, en ze kan moederlijk gedrag gaan vertonen naar haar speeltjes. Ze zal waarschijnlijk beginnen met het creëren van een nestplaats om te bevallen. Je moet je Labrador niet te veel storen wanneer ze dit doet, omdat het haar voorbereidingsproces is, en verstoringen kunnen onnodige stress op haar lichaam en emoties leggen.

Bevalling

De weeën en de bevalling kunnen een zorgelijke tijd zijn voor iedereen; het is echter het beste om je Labrador zoveel mogelijk ruimte en rust te geven. De meeste moederhonden hebben een natuurlijk instinct over wat te doen bij de bevalling en hebben jouw hulp niet nodig. Niettemin is het raadzaam om op afstand een oogje in het zeil te houden om er zeker van te zijn dat alles soepel verloopt.

De bevalling is aanstaande wanneer de temperatuur van je Labrador onder de 37,8 graden Celsius daalt. Een normale temperatuur ligt tussen 38,3 en 39,2 graden. Tegen het einde van de dracht nemen de meeste fokkers twee keer per dag de temperatuur van hun Labrador op om de temperatuurdaling op te merken. Je hond zal waarschijnlijk tekenen van weeën vertonen, waaronder heen en weer lopen, jammeren en persen. Raak niet in paniek als dit een tijdje doorgaat. Er kan zelfs tot twee uur zitten tussen het ter wereld komen van puppy's.

Elke puppy komt individueel naar buiten, meestal nog omgeven door het vruchtvlies. De moeder zal het vlies openscheuren nadat de puppy is geboren en de vloeistof weglikken. Dit stimuleert de puppy om te ademen, en warmt hem op en droogt hem af. Soms willen fokkers in dit stadium in-

grijpen en de puppy oppakken om hem krachtig af te drogen met een handdoek. Dit is niet altijd nodig, maar als je Labrador een eerstgeboorte-moeder is, of niet erg goede instincten toont, dan zou jouw actie mogelijk veel puppy's kunnen redden.

Als deze symptomen meer dan twee uur aanhouden zonder dat er een puppy wordt geboren, er groene of zwarte afscheiding is, of als er meer dan 24 uur geleden een temperatuurdaling was, zijn dit tekenen dat je je hond naar de dierenarts moet brengen. Hij kan beginnen met het geven van een injectie oxytocine om de baarmoederspiercontractie te stimuleren, of hij kan haar direct naar de operatiekamer brengen voor een keizersnede. Hoe eerder je je Labrador in dergelijke situaties naar de dierenarts brengt, hoe groter de kans dat alle puppy's in leven blijven.

De nageboorte zal waarschijnlijk door je hond worden opgegeten, wat haar een boost aan voedingsstoffen geeft. Dit is echt belangrijk, aangezien bevallen een vermoeiend proces is, en haar lichaam nu onder grote druk staat om melk te produceren.

Nazorg

Nadat alle puppy's zijn geboren, moet je ze voorzichtig controleren op afwijkingen. Open hun bekjes en zorg ervoor dat er geen gespleten gehemelte is en dat er geen overmatig slijm aanwezig is. Controleer ook of ze goed ademen en geen grote geboorteafwijkingen hebben, zoals een grote navelbreuk. Als sommigen nog een beetje vochtig zijn, kun je ze verder drogen met een handdoek.

De moeder kan dan een warme spons-wasbeurt krijgen om schoon te maken, en daarna moeten zij en het nest kunnen rusten op een warme plek zonder tocht. Het moet comfortabel zijn, maar zacht beddengoed moet worden vermeden omdat de puppy's op deze oppervlakken kunnen stikken.

Enige lichte afscheiding uit de vulva is normaal na de bevalling, en dit kan een week of zo doorgaan. Het moet roze, rood of bruin zijn, maar als het overvloedig, zwart, groen of stinkend is, moet je je hond naar de dierenarts brengen. Het kan een teken zijn dat er nog nageboorte is achtergebleven, of zelfs een dode foetus.

Zodra je Labrador gewend is aan haar rol als moeder en de puppy's goed zuigen, moet je ze naar je lokale dierenartsenpraktijk brengen voor een controle. Een goed moment hiervoor is wanneer ze ongeveer een week oud zijn, tenzij je afwijkingen opmerkt bij je hond of de puppy's.

Puppy's grootbrengen

Ten slotte is het grootbrengen van puppy's het leuke gedeelte, vooral wanneer ze hun ogen openen en beginnen rond te rennen. Je hebt een grote verantwoordelijkheid om potentiële huizen voor ze te vinden en je moet niet terughoudend zijn om nee te zeggen tegen een huis dat volgens jou niet geschikt is. Je moet de nieuwe eigenaren net zo goed screenen als zij komen kijken naar de puppy's.

Je kunt beginnen met het zoeken naar nieuwe huizen vanaf het moment dat de puppy's een paar weken oud zijn. Je kunt ze adverteren op de website van de Raad van Beheer om ervoor te zorgen dat potentiële eigenaren toegewijd zijn aan het kopen van een puppy bij een gerenommeerde fokker, in plaats van bij de goedkoopste die ze vinden.

De puppy's mogen pas worden vrijgegeven als ze minstens acht weken oud zijn. Als een koper er een wil reserveren, kun je er een gekleurde halsband omheen doen om hem te onderscheiden van de rest.

Wanneer de puppy's ongeveer vier weken oud zijn, kunnen ze interesse beginnen te tonen in het voer van hun moeder. Hoewel melk nog steeds een groot deel van hun dieet uitmaakt, is het prima om de pups hondenvoer te laten verkennen. Dit gaat het beste door ze puppy-voeding aan te bieden, die nat kan zijn of geweekte brokken. Tussen vier en acht weken zullen ze langzaam hun melkinname verminderen en overschakelen naar uitsluitend hondenvoer.

Alle verantwoordelijke hondenfokkers zorgen ervoor dat hun puppy's zijn ontwormd, gechipt en hun eerste puppyvaccinatie hebben gehad voordat ze naar hun nieuwe huizen gaan. Puppy's moeten worden ontwormd tegen rondwormen op 2, 4, 6, 8 en 12 weken oud, omdat ze op jonge leeftijd bijzonder vatbaar zijn voor wormen. Puppy's hoeven alleen tegen vlooien behandeld te worden als ze die ook echt hebben. Gebruik dan een middel dat geschikt is voor jonge of kleine dieren, want veel vlooienproducten zijn daarvoor niet veilig.

***

Het kan echt bevredigend zijn om te weten dat je bijdraagt aan het produceren van Labradors van een hoge genetische standaard, om te proberen de genenpoel van het ras te verbeteren. Je moet echter niet aannemen dat het fokken van je hond en het beheren van puppy's gemakkelijk zal zijn, want het zal tijd, geduld, financiële investering en een grote hoeveelheid kennis vergen om het goed te doen. Ook word je, zodra je meer dan een bepaald aantal nesten op één locatie in een jaar fokt (meestal drie, hoewel dit per gemeente kan verschillen), geclassificeerd als een commerciële fokker, en moet je een vergunning hebben en worden geïnspecteerd. Dus als je niet van plan bent om een professionele fokker te worden, is het beter om het over te laten aan de gevestigde fokkerijen.

HOOFDSTUK 15
Showen

Een Hond Selecteren voor Shows

De Labrador is een prachtige hond, en veel trotse baasjes willen graag het mooie uiterlijk van hun hond laten zien door deel te nemen aan hondenshows. Natuurlijk is de Labrador ook een werkhond, en net zo goed een superster in werkproeven als in exterieurklassen. Je Labrador heeft dus volop potentieel om prijzen in de wacht te slepen, en als dat je aanspreekt, moet je allereerst nadenken over het selecteren van de juiste hond.

Er zijn veel lokale, gezellige hondenshows waar alles mogelijk is. Je hond heeft geen stamboom nodig en hoeft niet strikt aan de rasstandaard te voldoen. Hij kan gecastreerd of ongecastreerd zijn, gecoupeerd of niet-gecoupeerd. Hij mag elke tint op het Labrador-kleurenspectrum hebben, met atypische aftekeningen of pigmentatie, en toch maakt hij kans op een lintje, zolang de keurmeester de schoonheid en het karakter ziet dat jij in hem waardeert. Lokale shows zijn ideaal als je een Labrador uit het asiel hebt met een geweldig karakter maar zonder stamboomcertificaat. Als je niet hoger mikt dan lokale shows, dan kun je bij je keuze voor een Labrador simpelweg je hart volgen. Als je echter wilt deelnemen aan shows van de Raad van Beheer, dan moet je je vanaf de dag dat je een fokker kiest aan de regels houden.

Voor shows op hoger niveau heb je een hond nodig die geregistreerd is bij de Raad van Beheer en afkomstig is van ouders die ook geregistreerd zijn. Als je op zoek bent naar een hond voor werkklassen, moet je kijken bij kennels die jachthonden fokken. Als je interesse uitgaat naar de showring, moet je kijken bij kennels waar de fokdieren kunnen pronken met showtitels. Dit geeft je pup de beste kans om de genetische eigenschappen te erven waar keurmeesters naar zoeken.

Voordat je een nestje gaat bekijken, moet je je grondig verdiepen in de rasstandaard van de Raad van Beheer voor de Labrador Retriever in jouw land. Houd er rekening mee dat de rasstandaard van tijd tot tijd wordt bijgewerkt en kan verschillen per land.

Foto met dank aan
Gabrielle Naples

Om te kunnen winnen in exterieurklassen van de Raad van Beheer, moet je Labrador zo goed mogelijk voldoen aan de blauwdruk van het ras, zoals beschreven in de rasstandaard. De rasstandaard beschrijft de perfecte Labrador en het model waarnaar alle Labradorfokkers zouden moeten streven. Het doel is om de gezondheid van het ras te bevorderen, hoewel sommige standaarden meer cosmetisch van aard zijn. Je moet je er echter van bewust zijn dat wanneer je een pup kiest wiens uiterlijk nooit aan de rasstandaard kan voldoen vanwege zijn grootte, kleur of pigmentatie, je beperkt bent tot lokale funshows en niet kunt deelnemen aan shows van de Raad van Beheer. Bovenal moet je op de hoogte zijn van de diskwalificaties voor het showen van een Labrador Retriever.

Een ander belangrijk punt is dat het fundamentele doel van exterieurshows de evaluatie van fokmateriaal is. Daarom mag je hond niet gecastreerd zijn. Gecastreerde honden kunnen wel deelnemen, maar alleen in bepaalde activiteitenklassen. In sommige landen, zoals het Verenigd Koninkrijk, mogen ze worden geshowd met een speciaal vrijstellingscertificaat, maar in de praktijk maken ze minder kans op een hoge plaatsing dan intacte honden. Labrador Retrievers mogen ook nooit gecoupeerd zijn, aangezien hun grootste kenmerk hun 'otterstaart' is, die hoog gewaardeerd wordt in de showring.

Wanneer je het nest puppy's bekijkt, mogelijk al vanaf vijf weken, is het erg moeilijk om showpotentieel te herkennen tenzij je veel ervaring hebt. Je zult daarom moeten afgaan op de grootte, het uiterlijk en het temperament van beide ouders, evenals eventuele showsuccessen die ze hebben behaald. De fokker is de beste beoordelaar van hoe de puppy's zich zullen ontwikkelen, en hij kan je keuze begeleiden. Je moet er wel rekening mee houden dat hij de meest veelbelovende showkampioenen mogelijk voor zichzelf heeft gereserveerd. Dat is het voorrecht van de fokker en in het belang van toekomstige generaties Labradors die in zijn kennel worden geboren. Dat betekent niet dat elke pup in het nest geen showpotentieel heeft: met goede genetica kunnen ze allemaal toekomstige kampioenen zijn.

Rasstandaarden

Elk land heeft zijn eigen idee over de perfecte fysieke kenmerken van de Labrador Retriever, dus zorg ervoor dat je de rasstandaard controleert van het land waarin je je hond wilt showen.

Het belangrijkste onderscheid in de publieke opinie is tussen de Amerikaanse en Engelse Labrador-types, waarbij de Amerikaanse Labrador langer, slanker, fijner en atletischer is, met langere poten, een smallere kop, langere nek en langere snuit, en een dunnere vacht en staart dan de Engelse Labrador. De Amerikaanse Labrador vertegenwoordigt echter de werkhond, en de Engelse Labrador wordt beschouwd als een showhond, dus zelfs in de VS neigt de rasstandaard voor exterieurklassen naar het Engelse type. De officiële standaard van de American Kennel Club staat hieronder. Als je in een ander land bent, kun je de rasstandaard vinden op de website van de Raad van Beheer van jouw land, waar je zeker weet dat het de meest actuele versie is.

Foto met dank aan Anne Lowry

Rasstandaard voor de Labrador Retriever

Inleiding tot de Nederlandse Kynologie

In Nederland wordt de kynologie (hondenwetenschap) overzien door de **Raad van Beheer op Kynologisch Gebied in Nederland**. Deze organisatie hanteert de officiële rasstandaarden zoals vastgesteld door de **Fédération Cy-nologique Internationale (FCI)**, de wereldwijde kynologische federatie waar Nederland lid van is.

Voor de Labrador Retriever zijn er twee hoofdrasverenigingen in Nederland:

- **Nederlandse Labrador Vereniging (NLV)** - de oudste erkende rasver-eniging

- **Labrador Kring Nederland (LKN)** - een vereniging die zich specifiek richt op het behoud van retrievereigenschappen

Beide verenigingen werken samen met de Raad van Beheer om de ge-zond-heid, het welzijn en de kwaliteit van het ras te waarborgen.

FCI Rasstandaard voor de Labrador Retriever

FCI-Standaard Nr. 122

Datum van publicatie: 13 oktober 2010

Land van herkomst: Groot-Brittannië

Gebruiksdoel: Retriever

FCI-classificatie: Groep 8, Sectie 1 Retrievers – met werkproef

Korte Historische Samenvatting

Er wordt algemeen gedacht dat de Labrador Retriever zijn oorsprong kent aan de kust van Newfoundland, Canada. De vissers daar gebruikten een hond lijkend op een Labrador om de visnetten binnen te halen. Een hond die uitblonk in het water; zijn waterafstotende vacht en unieke otter-staart benadrukken dit.

Vergeleken met andere rassen is de Labrador geen erg oud ras. De eerste Labradors werden in Groot-Brittannië geïntroduceerd door Col. Peter Hawker en de Graaf van Malmesbury. De eerste rasvereniging ontstond in 1916, de Yellow Labrador Club volgde in 1925. Het ras won snel aan populariteit door de field trials.

Algeheel Voorkomen

Sterk gebouwd, compact, zeer actief (excessief lichaamsgewicht of substantie staan dit in de weg en moeten worden voorkomen). Breed in schedel, breed en diep in borst en ribben. Breed en sterk in de lendenen en achterhand.

Gedrag en Temperament

Goed temperament, zeer behendig. Uitstekende neus, zachte bek. Uit-ge-sproken liefhebber van water. Een toegewijde metgezel. Intelligent, oplettend en gezeglijk, met een sterke "will to please" (wil om te behagen). Welwillende natuur, zonder spoor van agressie of overdreven verlegenheid.

Hoofd

Schedel: Breed, droogbelijnd zonder vlezige wangen.

Stop: Zichtbare stop.

Voorsnuit:

- **Neus:** Goed ontwikkelde neus en neusgaten

- **Voorsnuit:** Krachtig, niet spits toelopend

- **Kaken/Tanden:** Kaken zijn van gemiddelde lengte. Kaken en tanden sterk met perfect, regelmatig en compleet schaargebit, dat wil zeggen boventanden sluiten net over ondertanden en staan recht in de kaak

- **Ogen:** Van gemiddelde grootte, drukken intelligentie en een goed tem-perament uit. Bruin of hazelnoot van kleur

- **Oren:** Niet te groot of zwaar, hangen dicht tegen het hoofd en redelijk ver naar achter aangezet

Hals

Droog, sterk, krachtig, loopt over in goedgeplaatste schouders.

Lichaam

Bovenbelijning: Recht

Lendenen: Breed, compact en sterk

Borst: Van goede breedte en diepte, met goed aangezette tonvormige ribben – dit effect mag niet voortkomen uit een teveel aan gewicht

Staart

Kenmerkend voor het ras; zeer dik aan de basis en geleidelijk toelopend naar de punt. Van gemiddelde lengte. Zonder bevedering maar rondom dichtbehaard met korte, dichte, volle vacht. Dit zorgt voor het 'ronde' beeld en de benaming 'otterstaart'. Staart mag vrolijk gedragen worden, maar nooit over de rug krullen.

Ledematen

Voorhand:

- **Algemeen beeld:** Voorbenen recht van elleboog naar grond zowel van voren als van opzij gezien

- **Schouder:** Lang en schuin

- **Onderarm:** Onderbenen recht en stevig

- **Voorvoeten:** Rond, compact, goed gebogen tenen en goed ontwikkelde zooltjes

Achterhand:

Foto met dank aan
Kristin Daniello

- **Algemeen beeld:** Goed ontwikkelde achterhand, niet aflopend richting staart

- **Knie:** Goed gehoekt

- **Onderbenen:** Laag spronggewricht/hak. Koehakkigheid zeer ongewenst

- **Achtervoeten:** Rond, compact, goed gebogen tenen en goed ontwik-kelde zooltjes

Beweging

Vrij, genoeg grond beslaand. Recht en zuiver voor en achter.

Vacht

Kenmerkend voor het ras; kort, dicht, zonder bevedering of golven. Vacht voelt vrij hard aan. Weerbestendige ondervacht.

Kleur

Geheel zwart, geel of chocolate/lever. Geel kan variëren van licht crème-wit tot vosrood. Kleine witte borstvlek toegestaan.

Maat

Ideale schofthoogte:

- **Reuen:** 56-57 cm

- **Teven:** 54-56 cm

Gewicht:

- **Reuen:** 30-35 kg

- **Teven:** 25-30 kg

Fouten

Iedere afwijking van de hierboven genoemde punten moet gezien worden als een fout. Hoe zwaar de fout wordt aangerekend is afhankelijk van in hoeverre de gezondheid en het welbehagen van de hond, alsmede zijn vermogen zijn oorspronkelijke taak uit te oefenen, worden beïnvloed.

Diskwalificerende Fouten

- Agressief of overdreven verlegen

- Iedere hond die duidelijke fysieke of gedragsmatige afwijkingen laat zien moet worden gediskwalificeerd

N.B.: Reuen moeten twee normaal uitziende testikels hebben, die volledig in het scrotum zijn ingedaald. Alleen functioneel en klinisch gezonde honden met een rastypisch uiterlijk zouden moeten worden gebruikt voor de fokkerij.

Nederlandse Bijzonderheden

Gezondheidsscreening

In Nederland stellen beide rasverenigingen verplichte gezondheidsonder-zoeken voor fokdieren:

- **Heupdysplasie (HD)** - Röntgenonderzoek van de heupen

- **Elleboogdysplasie (ED)** - Röntgenonderzoek van de ellebogen

- **ECVO-oogonderzoek** - Jaarlijks oogonderzoek door een erkende oog-specialist

- **DNA-onderzoek naar PRA** - Progressieve Retina Atrofie

Nederlandse Aandachtspunten

De Nederlandse rasverenigingen hebben specifieke aandacht voor:

Obesitas/Overgewicht: Er moet een duidelijk onderscheid gemaakt wor-den tussen gewenste massa en overgewicht. Obesitas staat de functionaliteit van de hond in de weg.

Gangwerk: Correct, sound gangwerk is van uitermate belang. Er moet spe-cifiek gelet worden op:

- Vrije voorwaartse beweging

- Parallelle achterhand

- Geen kreupelheid of afwijkend gangwerk

Functionaliteit: Als retriever moet de Labrador in staat zijn om zijn oor-spronkelijke taak uit te voeren. Overdrijving in exterieur mag nooit ten koste gaan van functionaliteit.

Nederlandse Show- en Keuringsrichtlijnen

Volgens het Nederlandse showreglement:

- Een hond met details die kunnen leiden tot gezondheids-, gedrags- en/of bewegingsproblemen kan nooit de kwalificatie "Uitmuntend" krijgen

- Correct gangwerk en gezondheid gaan altijd voor schoonheid

- De nadruk ligt op "zonder overdrijving" - een functionele, gezonde hond staat centraal

Deze benadering benadrukt het belang van de Labrador als werkende hond en zorgt ervoor dat gezondheid en functionaliteit voorop staan in de fokkerij en beoordeling.

Na het Selecteren van Je Puppy

Wanneer je je puppy ophaalt, zal de fokker je het registratiedocument van de Raad van Beheer geven, dus zo snel mogelijk moet je het geregistreerde eigendom op jouw naam laten zetten, wat je online kunt doen. Als je nog niet eerder een rashond hebt gehad, is dit ook een goed moment om je volledig vertrouwd te maken met de website van de Raad van Beheer, aangezien dit je belangrijkste informatiebron zal zijn wanneer je de wereld van het showen betreedt.

Je kunt je hond pas showen als hij zes maanden oud is, maar er is genoeg werk te doen in de komende maanden om je hond showklaar te maken. Het eerste daarvan is socialisatie, aangezien je hond zich in een drukke omgeving zal bevinden, vol mensen en honden, dus hij moet zich volledig op zijn gemak voelen bij beiden en tolereren dat hij door vreemden wordt aangeraakt.

Naast het socialiseren van je hond bij puppycursussen en in het park wanneer hij zijn vaccinaties heeft voltooid, kun je hem ook meenemen naar hondenshows in de buurt. Dit went hem aan de drukte, zodat de omgeving vanaf de vroegste leeftijd volledig vertrouwd voor hem is. Je hebt ook de mogelijkheid om alle showetiquette te observeren en tips op te doen. Je kunt misschien praten met ervaren handlers en zien hoe ze hun hond 'stacken', wat de positie is waarin je hond moet worden geplaatst voor het keuren. Je kunt ook leren de gang te herkennen die een showkampioen nodig heeft bij het bewegen in de ring. Alle contacten die je kunt leggen in de showwereld, vooral met andere Labrador-eigenaren, zullen waardevol zijn als je met je hond vooruitgang boekt.

Voorbereiden op een Show

Wanneer je je Labrador-puppy krijgt, registreer hem dan bij de Raad van Beheer in jouw land, en dan is het een goed idee om ook lid te worden van de Labrador Retriever Club van jouw land. Deze twee organisaties zullen je gidsen door de wereld van het showen op topniveau.

Als je je hond alleen voor de lol wilt showen, dan zijn lokale shows een geweldige ervaring, waar je je Labrador Retriever kunt laten zien, andere eigenaren en hun honden kunt ontmoeten, en het eens of oneens kunt zijn met de beslissing van de keurmeester, maar altijd met goede gratie! Zelfs als je wilt deelnemen aan shows van de Raad van Beheer, zijn lokale fun-shows een geweldige plek om te beginnen, omdat jij en je hond kunnen wennen aan de hele procedure in een omgeving met weinig druk.

Je moet vooruit plannen voor de shows waaraan je wilt deelnemen, door de showlijsten te vinden op de website van de Raad van Beheer of Labrador Club, of in de lokale krant of op de website van de lokale hondenclub. Zorg ervoor dat je je aanmelding en inschrijfgeld op tijd verstuurt, dan kun je beginnen met plannen voor de grote dag.

Als je een behoorlijke afstand moet afleggen naar de show, moet je ook overwegen om accommodatie te boeken, zodat je hond tijd heeft om te wennen voor het evenement, vooral als hij last heeft van reisziekte.

De Labrador Retriever heeft zeer weinig vachtverzorging nodig, en de keurmeesters zoeken naar een natuurlijke uitstraling. Dit betekent dat je hond nooit geknipt mag worden, maar zijn nagels moeten wel kort worden gehouden door regelmatig knippen, zodat het leven niet te lang wordt. De korte vacht van de Labrador Retriever kan geen fouten verbergen, maar in zijn natuurlijke glanzende staat zal hij de fysieke kwaliteiten van je hond perfect laten zien. Je moet door regelmatige vachtverzorging zorgen dat je hond geen schilfers of schilferende huid heeft, en als je je hond wilt baden, moet dit enkele dagen voor de show gebeuren, zodat de natuurlijke oliën kunnen terugkeren in de vacht.

Je moet het poetsen van de tanden van je hond vanaf jonge leeftijd onderdeel maken van zijn dagelijkse routine, om ervoor te zorgen dat er geen tandsteenopbouw is, of erger - ontbrekende of verrotte tanden, aangezien deze een fout zouden vormen in de showring. Je moet ook zijn oren schoon houden.

Als je shows hebt bijgewoond als toeschouwer, heb je gezien hoe je je hond moet stacken voor de keurmeester. En je hebt ook de soort vloeiende gang in de ring gezien die de prijzen binnenhaalt. Als je nog geen kans hebt gehad om een show bij te wonen, zijn er genoeg video's online. Deze helpen je te weten waar je naar moet streven, maar ze zijn geen vervanging voor het daadwerkelijk bijwonen van shows met je hond om hem vertrouwd te maken met de drukke sfeer.

Als jij degene bent die je hond in de ring zal begeleiden, denk dan na over de outfit die je zult dragen. Deze moet netjes en comfortabel zijn, met praktische schoenen, zodat je net zo moeiteloos kunt bewegen als je hond. De keurmeester moet de omtrek van je hond duidelijk tegen je kunnen zien, dus als je Labrador zwart of chocoladekleurig is, kun je overwegen om een lichtere neutrale kleur te dragen. Als je daarentegen een gele Labrador hebt, zal het dragen van effen donkere kleding hem op zijn best laten uitkomen.

Je moet niet te veel verwachten van je eerste show, aangezien zowel jij als je hond eraan moeten wennen. Labradors zijn van nature energiek, en je hond kan de sfeer overprikkelend vinden, en het vervelend vinden om stil te staan voor de keuring, of sierlijk aan je zijde te bewegen. Je moet je niet teleurgesteld voelen als je niet meteen de linten binnenhaalt, of erger, het gevoel hebben dat je hond jou en zichzelf heeft teleurgesteld! Je moet ook nooit de beslissing van de keurmeester in twijfel trekken. Hoewel je hond wordt gemeten aan de rasstandaard, is er onvermijdelijk enige mate van persoonlijke voorkeur bij het toekennen van de prijzen. Dus, als het niet de dag van je hond is, zal er altijd een andere zijn. En elk evenement is een stap op weg naar het op zijn best showen van je hond!

HOOFDSTUK 16
Leven met een Oudere Hond

Ouder worden is een onvermijdelijk onderdeel van het leven van een hond, en het is verstandig om je hierop voor te bereiden. Een oudere hond heeft een andere levensstijl nodig dan een jonge of volwassen hond, en dit geldt vooral voor Labradors. Labradors zijn vatbaar voor het ontwikkelen van aandoeningen die hen op latere leeftijd treffen, zoals artritis, zoals besproken in Hoofdstuk 12.

Hoewel de levensverwachting voor een Labrador 10-14 jaar is, zou je je Labrador rond de leeftijd van zeven of acht jaar als senior moeten beschouwen. Subtiele veranderingen in zijn levensstijl in deze fase zullen hem voorbereiden op een lang, gelukkig en pijnvrij leven als senior, zodat jullie langer van elkaar kunnen genieten. In dit hoofdstuk kijken we naar veranderingen die je Labrador ten goede komen als ze vroeg worden doorgevoerd, hoe je omgaat met ouderdomskwalen en wat er gebeurt wanneer het tijd is om afscheid te nemen.

Foto met dank aan Nicole Justice

Foto met dank aan
Tom Frey

Dieet

Voor een Labrador is voeding een belangrijk onderwerp dat niet over het hoofd mag worden gezien. Tegen de tijd dat de seniorenjaren aanbreken, hebben de meeste Labradors overgewicht. Dit legt een grote druk op het hart, de lever, de nieren en de verslechterende gewrichten van je hond. Helaas is een Labrador met overgewicht een veelvoorkomend beeld, waardoor de meeste mensen tegenwoordig niet beseffen dat hun Labrador wat extra kilo's met zich meedraagt. De beste manier om dit te beoordelen is door terug te kijken naar de lichaamsconditiescore in Hoofdstuk 8, en te streven naar een score van 4 of 5 voor je Labrador.

Overschakelen naar een seniorendieet zal ook helpen met het gewicht van je Labrador. Seniorendiëten verschillen behoorlijk van diëten voor jongere honden omdat ze minder calorieën en meer vezels bevatten. Dit helpt je Labrador om zich vol te voelen terwijl hij toch op gewicht blijft. Het doel hiervan is om de caloriebehoefte van je hond af te stemmen op zijn activiteitenniveau, en over het algemeen bewegen oudere honden minder.

Seniorendiëten bevatten ook meer omega-oliën. Dit zijn vetzuren die de gezondheid van de hersenen, het hart, de huid en de ogen verbeteren, en ook de smering van de gewrichten bevorderen. In een verouderend lichaam kunnen omega-oliën een groot verschil maken.

Soms bevatten seniorendiëten ook toegevoegde supplementen, zoals glucosamine en chondroïtine. Deze helpen bij het onderhouden van het kraakbeen in oudere, artritische gewrichten, en worden later in dit hoofdstuk besproken.

Je hoeft je Labrador niet meteen over te zetten op seniorenvoeding zodra hij zijn zevende verjaardag bereikt, maar voordat hij acht jaar oud is, is het goed om te streven naar een geleidelijke overgang. Dit kun je het beste doen over een periode van enkele weken.

Gezondheidscontroles voor Senioren

Je dierenarts is zeer waardevol in de seniorenjaren van je Labrador en zou niet alleen ingeschakeld moeten worden als er een probleem is. Zoals benadrukt in Hoofdstuk 11, is preventieve gezondheidszorg zo belangrijk, want voorkomen is altijd beter dan genezen. Hier komen gezondheidscontroles voor senioren in beeld, die vanaf de leeftijd van acht jaar een routineonderdeel van de gezondheidszorg van je hond zouden moeten zijn.

Een gezondheidscontrole voor senioren wordt één of twee keer per jaar uitgevoerd om ervoor te zorgen dat je oudere hond geen vroege tekenen van degeneratieve aandoeningen vertoont. Het begint met een klinisch onderzoek door je dierenarts. Hij controleert de tanden van je hond op tandsteen en kan mogelijk een tandheelkundige procedure aanbevelen zoals besproken in Hoofdstuk 9 als ze vuil zijn. Hij controleert ook de ogen, oren, vacht, hart, longen en buik van je Labrador. Aangezien Labradors vatbaar zijn voor het ontwikkelen van artritis op latere leeftijd, zal je dierenarts de gewrichten van de hond zorgvuldig manipuleren om te voelen naar crepitatie, een krakend gevoel dat wijst op de ontwikkeling van artritis.

Na een volledig klinisch onderzoek kan je dierenarts een bloedmonster nemen om de vitale organen van je Labrador, zoals nieren en lever, te controleren, en mogelijk ook een urinemonster vragen, omdat dit helpt bij het interpreteren van de resultaten. Een bloedtest kan ook vroege tekenen van bepaalde kankers opsporen, evenals endocriene aandoeningen en veranderingen in de bloedcellen.

Als er resultaten zijn die erop wijzen dat het hart of de nieren van je hond aangetast zijn, zal je dierenarts waarschijnlijk ook een bloeddrukonderzoek en mogelijk een echografisch onderzoek uitvoeren. Deze vormen echter niet de hoofdmoot van een gezondheidscontrole voor senioren.

Tot slot, als je hond chronische medicatie gebruikt, zal deze worden beoordeeld en indien nodig zal de dosering worden aangepast.

Door je Labrador één of twee keer per jaar voor een seniorengezondheidscontrole te brengen, kun je er zeker van zijn dat er niets onderliggends is wat niet is opgemerkt en wat je Labrador mogelijk ziek maakt. Labradors zijn sterke honden die altijd willen behagen, en ze verbergen vaak tekenen van ziekte of ongemak in de vroege stadia.

Gevorderde Artritis

Zoals kort besproken in Hoofdstuk 12, komt artritis meestal voort uit een onderliggende gewrichtsaandoening, zoals trauma, gewrichtsdysplasie of osteochondrose. Maar het kan ook worden veroorzaakt door abnormale krachten die op een normaal gewricht worden uitgeoefend, zoals het dragen van extra gewicht of herhaaldelijke, zware inspanning.

Artritis is een degeneratieve ziekte van het hele gewricht. Het is een veelvoorkomend misverstand dat het een ziekte van het gewrichtskraakbeen is. In feite worden het gewrichtskapsel, het subchondrale bot onder het kraakbeen, het gewrichtsvocht en het gewrichtskraakbeen allemaal op verschillende manieren aangetast. Naarmate het gewricht degenereert, wordt het kraakbeen dunner, kan het subchondrale bot minder schokken verdragen, wordt het gewrichtsvocht dunner en minder in volume, en raakt het gewrichtskapsel ontstoken. Dit alles leidt tot een pijnlijk, niet-functioneel gewricht.

De beste manier om artritis te behandelen is met multimodale aanpak. Dat betekent dat slechts één ding doen niet zal helpen. Als je Labrador geen onderliggende gezondheidsproblemen heeft, kan je dierenarts ontstekingsremmers voorschrijven om de gewrichten te helpen. Als je Labrador

*Foto met dank aan
Hanna Koskinen*

daarnaast extra gewicht draagt, moet dit onmiddellijk worden aangepakt door hem op dieet te zetten. Gewrichtssupplementen kunnen ook helpen bij het verbeteren van de gewrichtsfunctie. Denk hierbij aan omega-oliën (die de viscositeit en het volume van het gewrichtsvocht verbeteren en een natuurlijk ontstekingsremmend effect hebben), en glucosamine of chondroïtine (die de samenstelling van het kraakbeen en gewrichtsvocht ondersteunen). Je kunt ook aanvullende therapieën overwegen om je hond actief te houden. Dierfysiotherapeuten kunnen je oefeningen geven om thuis te doen, om je hond soepel en lenig te houden, en bieden ook hydrotherapie aan, wat een geweldige manier is voor je Lab om fit te blijven zonder extra belasting van de gewrichten. Speciaal opgeleide dierenartsen kunnen ook acupunctuur uitvoeren, wat een uitstekende pijnverlichtende methode is zonder dat er medicijnen nodig zijn. Tot slot wordt CBD-olie steeds populairder voor pijnbestrijding, maar je moet wel opletten dat je een olie van hoge kwaliteit koopt om er zeker van te zijn dat er geen psychogene stoffen in zitten.

Dementie

Oudere honden kunnen een aandoening ontwikkelen die "canine cognitieve disfunctie" wordt genoemd, vergelijkbaar met dementie bij mensen. Kortweg staat het bekend als CCD. Dit is een aandoening die niet kan worden voorkomen en ook niet kan worden behandeld, maar er zijn wel opties om de levenskwaliteit van je Labrador te verbeteren als hij het ontwikkelt.

CCD veroorzaakt een afstomping van de hersenen. Je kunt merken dat je oude Labrador meer dan gewoonlijk slaapt, verdwaasd of verward lijkt, en een terugval heeft in zijn zindelijkheidstraining. Het goede nieuws is dat er medicatie bestaat om de bloedtoevoer naar de hersenen te verbeteren, wat helpt om meer zuurstof naar de hersencellen te brengen. Dit stelt ze in staat beter te functioneren en geeft oudere honden die lijden aan CCD vaak een tweede kans op leven.

Orgaanverslechtering

Gedurende het leven van elke hond werken de nieren en lever zeer hard om afvalstoffen uit het lichaam te filteren en te verwijderen. Als gevolg hiervan kunnen ze in de seniorenjaren van je hond beginnen te verslechteren. Dit is vooral duidelijk bij Labradors, omdat pijnstillende medicijnen een extra tol eisen van de lever en nieren, en omdat veel Labradors gewrichts-dysplasie of artritis hebben, is chronische medicatie gebruikelijk.

Symptomen kunnen zijn: verlies van eetlust, braken, meer drinken en meer plassen. Daarnaast kan leverziekte geelzucht veroorzaken, wat zich uit als gele tandvlees, en nierziekte kan bloedarmoede veroorzaken, wat zich uit als bleek tandvlees. Je dierenarts zal de gezondheid van de inwendige organen van je Lab beoordelen via een bloedtest, en als hij bezorgd is, kan hij een echografisch onderzoek uitvoeren.

Er zijn uitstekende diëten beschikbaar voor de behandeling van nier- en leverziekten bij oudere honden, wat de belangrijkste behandelingsmethode is. Dit vermindert de druk op deze organen om hard te werken bij het filteren van afvalstoffen. Daarnaast zijn er medicijnen beschikbaar om de efficientie van deze organen te verbeteren, die een dierenarts kan verstrekken.

Een ander orgaan dat degeneratieve veranderingen kan vertonen is het hart. Het hart is een vitaal orgaan in het lichaam. Het pompt bloed rond om ervoor te zorgen dat alle cellen zuurstof en voedingsstoffen krijgen om te kunnen functioneren. Soms kunnen bij oudere honden de kleppen in het hart gaan lekken. Dit kan leiden tot terugstroming en congestie. Symptomen zijn lusteloosheid, flauwvallen, hoesten en snel buiten adem raken.

Foto met dank aan
Carmel Wake

Vroeg beginnen met hartmedicatie zal de druk op het hart verminderen en de levensduur en prognose van je hond aanzienlijk verbeteren.

Naast het hart liggen de longen. Normaal gesproken is het longweefsel vrij elastisch, waardoor het kan uitzetten en samentrekken als er lucht in en uit wordt geademd. De longen van een oudere hond worden met de leeftijd vezelig, wat betekent dat ze niet zo goed uitzetten. Dit is meestal slechts een bijkomstige aandoening die oude honden ontwikkelen en die hen helemaal niet beïnvloedt, maar het kan ook leiden tot een verminderd vermogen om infecties te bestrijden. Daarom lopen oudere honden meer kans op longinfecties als ze worden blootgesteld, in vergelijking met jongere honden.

De meeste oudere honden zullen in hun seniorenjaren een zekere mate van orgaandegeneratie ontwikkelen, maar met gezondheidscontroles voor senioren kan dit snel worden opgemerkt.

Verlies van Zintuigen

Naast het geleidelijk achteruitgaan van de organen, kunnen ook de zintuigen van een hond worden aangetast door ouderdom. Verlies van de zintuigen zal je hond medisch gezien niet beïnvloeden of zijn levensduur verkorten, maar het kan zijn levenskwaliteit wel enigszins beïnvloeden.

De meest voorkomende zintuigen die achteruitgaan zijn het gehoor en het zicht. Gelukkig is het zeer zeldzaam dat een hond zijn reukvermogen verliest, wat goed is omdat je Labrador waarschijnlijk graag zijn wandeling doorbrengt met zijn neus op de grond, waar hij allerlei geuren oppikt.

Verrassend genoeg doen honden het uitstekend zonder zicht. Als het plotseling gebeurt, kan het even duren voordat je hond zich aanpast, maar als het geleidelijk gaat, realiseren veel eigenaren zich niet eens dat hun honden hun zicht geheel of gedeeltelijk hebben verloren. De meest voorkomende redenen waarom honden hun zicht verliezen zijn staar en netvliesatrofie, die beide in Hoofdstuk 12 worden besproken. De meeste oudere honden ontwikkelen nucleaire sclerose in hun lenzen, wat op staar kan lijken. Maar de troebelheid die het veroorzaakt is niet ondoorzichtig, en je hond zal er nog steeds doorheen kunnen kijken. Als je Labrador zijn zicht begint te verliezen, is het een goed idee om hem vroeg te leren ermee om te gaan. Zoals eerder besproken, zijn Labradors uitzonderlijk goed trainbaar. Het aanleren van commando's zoals 'langzaam', 'wacht', 'draai' en 'stop' voorkomt dat je hond in de problemen komt. Hij zal ook gemakkelijk zijn weg door het huis kunnen vinden, zolang je het meubilair op dezelfde plaats houdt, aangezien zijn geheugen voor het navigeren in speciale gebieden nog steeds uitstekend zal zijn.

Gehoorverlies is echter iets moeilijker te behandelen. Het is een goed idee om je voor te bereiden op gehoorverlies op een bepaald moment in het leven van je hond. Daarom is het verstandig om je pup vanaf het begin commando's aan te leren met een combinatie van een stemcommando en een visueel signaal. Op die manier kan je hond je nog steeds begrijpen als hij een deel van of al zijn gehoor verliest. Gehoorverlies is meestal geleidelijk, en het is waarschijnlijk dat je niet zult merken dat hij zijn gehoor verliest totdat het al vrij ver gevorderd is. Helaas kan er niets worden gedaan om het gehoor van je Labrador te herstellen, maar hij kan ook zonder gehoor nog steeds een gelukkig leven leiden.

Blaascontrole

Blaascontrole is iets waar veel eigenaren van vrouwelijke honden mee kunnen worstelen als hun honden ouder worden. Het is gebruikelijk dat een gesteriliseerde teef enige controle over haar blaas verliest, aangezien oestrogeen een belangrijke rol speelt bij het aanspannen van de sluitspier bij de uitgang van de blaas. Als de hond dus niet veel hormonen heeft gehad tijdens haar leven, kan de blaas later in het leven mogelijk lekken.

Een andere belangrijke oorzaak van blaaslekken of controleverlies is wanneer de hond artritis heeft in het lumbosacrale gebied van de wervelkolom. Hoewel dit geen veelvoorkomende plaats is waar Labradors artritis ontwikkelen, lopen ze nog steeds een hoger risico dan andere rassen. De zenuwen die uit het ruggenmerg in dit gebied komen, zijn degene die de sluitspier en blaasspieren innerveren. Compressie van deze zenuwen leidt tot controleverlies.

Het bepalen van de hoofdoorzaak van het verlies van blaascontrole is essentieel als het gaat om behandeling. Er zijn verschillende medicijnen beschikbaar die de blaascontrole helpen verbeteren als het te wijten is aan een gebrek aan hormonen, maar als de reden te maken heeft met de rug, dan kan er zeer weinig worden gedaan. Hondenluiers zijn beschikbaar om je huisraad te beschermen en je incontinente hond toch de vrijheid van het huis te geven.

Het is belangrijk dat wanneer urine overmatig lekt, het gebied minstens eenmaal per dag wordt gewassen om urineverbranding te voorkomen, en het haar in dat gebied kort wordt gehouden om hygiënische redenen.

Afscheid Nemen

Afscheid nemen van je hond is nooit gemakkelijk, en soms is de beslissing om je Labrador te laten inslapen niet eenvoudig. Veel degeneratieve aandoeningen, zoals artritis en orgaanverslechtering, zijn chronisch van aard, en daarom zullen sommige dagen goed zijn en andere slecht. Maar in het algemeen is de kwaliteit van leven wat je in de gaten moet houden, en wanneer deze verslechtert, is dit een indicatie dat het tijd is.

Dit kan worden gedaan door enkele basisvragen te stellen:

1. Is je hond nog steeds blij en kwispelt hij regelmatig met zijn staart?

2. Is je hond nog steeds gretig om te eten? (wat natuurlijk een grote zaak is bij een Labrador)

3. Reageert je hond nog steeds zoals hij gewend was?

4. Kan je hond nog steeds normale dagelijkse activiteiten uitvoeren?

Als het antwoord op een van deze vragen nee is, dan is zijn levenskwaliteit aangetast, en afhankelijk van de reden en prognose kan het de beste optie zijn om euthanasie te overwegen.

Euthanasie kan een verdrietig onderwerp lijken, maar het moet worden gezien als een laatste liefdesdaad die je je Labrador kunt geven. Euthanasie is een manier om op een waardige manier een einde te maken aan lijden. Het is een vreedzame procedure waarbij een overdosis verdovingsmiddel in een ader in de poot wordt toegediend. Het is niet pijnlijk en je Labrador zal geen enkele vorm van lijden voelen. Sommige dierenartsen geven een dosis kalmering voor de procedure; dit is echter niet altijd nodig om ervoor te zorgen dat de procedure soepel verloopt.

De injectie kan in de dierenartsenpraktijk worden gedaan, maar de meeste dierenartsen komen bij je thuis als je liever hebt dat je Labrador in zijn eigen omgeving blijft, wat fijn kan zijn om stress te verminderen. Er kan wat spiertrekking zijn na de injectie, of een reflex die ervoor zorgt dat de hond lijkt alsof hij diep ademhaalt. Dit zijn natuurlijke reacties die optreden nadat de hond is overleden, dus het zijn geen aanwijzingen dat er iets mis is gegaan. De dierenarts zal het overlijden bevestigen door met een stethoscoop naar een hartslag te luisteren.

Nadat je Labrador is overleden, kan je dierenarts crematiediensten aanbieden waarbij de as aan jou wordt teruggegeven of wordt uitgestrooid in een dierencrematorium. Je kunt er ook voor kiezen om je Labrador mee naar huis te nemen voor een thuisbegrafenis. Afscheid nemen van je hond is echt moeilijk, zelfs als het verwacht wordt en je weet dat het de juiste beslissing is. Dit is echter het beste moment om terug te denken aan alle geweldige momenten die je met je Labrador hebt gehad, en zijn leven te vieren met iedereen die hem heeft gekend.